知識ゼロからの脱収納の

断捨離入門

やましたひでこ
hideko yamashita

dan sha ri

★自分をもてなす場をつくる
★断捨離と収納はどこが違うのか
★ひとつ片付けることは約束をひとつ守ること
★「せっかく」と「もったいない」
★選択と決断のトレーニングをする
★自分との約束を守って信頼貯金を増やそう
★自分とモノの関係を書き出す
★すぐに手放せたモノ、手放せなかったモノ
★大分類・中分類・小分類の3つの仕分けの法則
★自分軸・他人軸・時間軸で考える

幻冬舎

知識ゼロからの脱収納の断捨離入門

はじめに

どんな有益な知識情報も、使い方、使いどころ、使い時によって、その結果は随分と異なってくるでしょう。

私たちは、収納術を筆頭に、整理・片づけに関して、すでにたくさんの知識情報を得ていますよね。けれど、相変わらず片づけに頭を悩ませ、そして幾度の挑戦を試みながらも、思うような成果を得られないまま、日々の暮らしに身を置いているとは思いませんか。


片づけても、片づかない。

片づけだしても、はかどらない。

片づけても、すぐに元通り。


そうですね、こんな三重苦にずっと晒《さら》されているのです。そして、しまいには、片づけそのものを放棄し、あきらめてしまうことも。

どうして、こんなことが起きてしまうのでしょう。なぜ、こんなことになってしまったのでしょう。

それは、今まで提供されてきた整理・片づけ術に、特に収納術において、そもそも片づかない理由についての考察が欠落していたからだと思えてならないのです。

大量のモノたちを、いかに効率よく詰め込むかに焦点を合わせ、ひたすら創意工夫の名のもとにアイデアを競い合うのが収納術だとしたら……。そもそも、それらのモノたちが、何のために存在し、誰のために役立つのかを検証することなく、モノを保管することを目的にするのが収納術だとしたら……。空間とモノの量とのバランスを考えることなく、ただただ、モノの置き場の増設に終始するのが収納術だとしたら……。

そんな収納術に取り組み続けていたとしたら、私たちの大切な空間は、モノに主役の座を明け渡した場となり果ててしまうのです。

断捨離とは、片づかない理由を「ただモノが過剰だから」と、「量」の問題に焦点を合わせます。ですから断捨離は、モノとの関係を問い直して、モノを絞り込むという「引き算」に解決を求める思考法でもあるのです。

断捨離の発想は、収納術という対処的な解決法を前にして、「何をそんなに収納するのだろう」という素朴な疑問からスタートしています。収納術が私たちにもたらしてくれた知識情報を、有効に機能させるためにも、まずは、その収納以前の「モノとの関係」に焦点を合わせて根本的な解決へと向かっていくものなのです。

今の〝わたし〟にふさわしくないモノたちを、ずっと収納し続けることの徒労感からは卒業していきませんか。そして、自分にふさわしいモノとの関係を築き、ごきげんな空間をクリエイトしていきませんか。そう、断捨離で！

はじめに……2

第2章　意識を転換してレッツ断捨離

第3章　ワークシートを使って断捨離レッスン

第4章　ごきげんな毎日のために

序章

断捨離とは？

片づけという言葉から、「収納」を思い浮かべてしまっていませんか？
「断捨離」はいったい何を表しているのでしょうか。
まずは収納術との違いをハッキリさせながら、
「断捨離」とは何なのか、
今まで自分が行ってきたことを改めて考えてみましょう。

「収納苦」～収納術で解決できること・できないこと～

◆収納術の功罪

「カリスマ」と呼ばれる収納術の先生のお話を聞いたことがあります。ご多分にもれず、この先生のクライアントさんや受講生さんも片づけの悩みはつきません。家事の中で、片づけは一番苦手な範疇《はんちゅう》に入っているのです。その悩みを考察してみると、何をどこにしまったらよいのかがわからない、と多くの主婦が訴えるのだとか。

そこで、この収納術の先生は、どこに何をしまったらよいのかわからない、迷える人々に向けて、こんな優しさに溢れるアドバイスをしています。

まずは、モノに向かってこう問いかけましょう。問いかけは2つ。順番を間違えないように気をつけて。

まず、ひとつ目の問いかけです。

「モノさん、モノさん、あなたはどこにいたいの?」

素直になってモノに質問してみましょう。

そうすると必ず、モノは答えてくれるはずです。もちろん、本当に声をあげるわけではないけれど。

これで、モノをしまう場所が決められます。

そして、場所が決まれば、２つ目の質問をします。

「モノさん、モノさん、あなたは、いつもなの？　それともときどき？　いえ、めったになの？」

要は使用頻度を見極めるということ。

「いつも」なら、目の高さに。「ときどき」ならば、その下に。「めったに」しか使わないのであれば、高いところに置けばいいのです。この２つの質問で、モノをしまう場所と高さが決められます。


なるほどと思うような、収納術の先生の見事な解決策の提示でした。けれど実は、ここで大きな疑問が生まれました。これを断捨離の視点で見ていきましょうか。

素直な気持ちでモノに向かい合い、モノに問いかけることは、ぜひ、そうしたいものです。しかし、片づけられない悩みを抱えている多くの人たちは、場所と高さを決定する以前に、そもそも、何が必要で、何が必要ないのかわからない、という問題を抱えています。

夥《おびただ》しいモノの山を前にして、要・不要さえも見極められなくなっているのです。このような判断がつきかねるモノに対して、そのモノがいるべき場所や使用頻度を尋ねることを繰り返しても、招くであろう結果や徒労感は容易に想像できます。

収納で解決できると思った片づけの悩みは、解決されることなく、かえって「収納苦」を招くだけで終わってしまいます。こんなに頑張ったのに、どうしてすぐに溢れ出し、また散乱するのだろうかと。

この「収納」という技術は、文字通り、収めることを意味し、収めることを前提とした片づけるという発想です。

「収める＝片づけ」

本当にそうでしょうか？　断捨離では、そう考えないのです。収めることは、片づけの中のひとつではありますが、その中の「整頓」という位置づけにしています。整頓作業は、モノが多ければ多い分だけ、時間も手間もかかります。けれど、モノの量が絞り込まれていれば、その作業はより簡単になるはずです。

ですから断捨離は、収納しようとする前に、こうモノに問いかけます。

「モノさん、モノさん、あなたは、今の私にとって、手間ヒマかけて収納する価値があるモノなのかしら？」

さて、この問いかけに、目の前のモノたちは、どんな答えを返してくるでしょう。

収納とは、「しまう」ということが前提の技術ですが、断捨離はそもそもそこに疑問を投げかけることから、始まるのです。

◆忙しい・狭い・疲れるの三重苦

モノを収納して空間を片づけるために、私たちは、何を差し出さねばならないのか。きちんと検証しておいたほうがよさそうです。

収納するには、時間が必要。
収納するには、空間が必要。
収納するには、労力が必要。

収納して片づけるには、これら、時間と空間とエネルギー〈労力〉が必要です。つまり、モノが増えれば増えるほど、私たちは、もっと時間を、さらなる空間を、大変なエネルギーを、それに差し出さなくてはなりません。

自分自身の大切な時間と空間とエネルギーを費やすからこそ、目の前のモノたちが、今の私にとって、どれほどの価値があるのかを、見極めていくことが肝心です。どうでもいいモノたちを、収めて片づけていくことに、時間を取られ、空間をしめられ、エネルギーを費やしているとしたら、それこそ、もったいないばかりです。

考えるまでもなく、時間は一日24時間と決まっているもの。いうまでもなく、居住空間は限られていて、まして、エネルギーは無限に湧《わ》き出てくるものではありません。

増え続けるモノに対して、時間と空間とエネルギーを増やし続けることはできません。

けれど、そうしようとしてきませんでしたか？

モノのために、ひたすら時間と空間とエネルギーを捻出しようとしていた私。モノのために、それらを奪われ続けていた私。しかも、その肝心なモノたちは、今の自分にとってどれほどの活用価値があるのか意識することもなく……。

モノに取って代わられた、時間・空間・エネルギー。

こうして私たちは、時間のゆとりを失い、空間のゆとりを失い、エネルギーを失ってしまい、ひいては、気持ちのゆとりを失ってしまうのです。

時間がないと忙しい思いをし、空間がないと狭さを嘆き、エネルギーがないと疲れを訴える私たち。

もうおわかりでしょう。もし収納術が、ひたすらモノをとっておこうとすることであるならば、そして増え続けるモノを創意工夫で効率よくしまい込んでいこうとする技術であるならば、収納をすればするほど、収納術に取り組むほど、自分自身を、「忙しい」「狭い」「疲れる」という三重苦に追い込んでいくのです。

◆空間とは隙間？　いいえ、ゆとりです！

収納術では、空間を「隙間《すきま》」と捉《とら》えるようです。

つまり、隙間を埋めることにエネルギーを注いでいるということ。隙間

が空いているのは、技術が稚拙な証拠で、何事もピッタリと、キチッと収まらなくてはいけない……そんな追求が感じられます。

ですから、その隙間はそのままにしてはもったいない、隙間を「有効活用しましょう」ということになるわけです。棚板をかけ、ツッパリ棒をわたす。そうすれば、収納量は飛躍的になるからと。

しかし、こうは考えられませんか。一人掛けの椅子には、一人で座るのが心地よい。それは、座面と自分の身体《からだ》がぴったりと一致しているからではありません。必ず空間があるはずです。その空間を「もったいない」からと、詰めて二人で座らせたとしたら、どんな有様でしょうか。

この状態を、創意工夫の名のもとに「収納力が2倍になった」と評価するのが収納術です。

キッチンのユニットとその隣にある冷蔵庫の隙間が15センチ。ここにキッチリと収まったスリムな収納コンテナ。さて、その中にはいったい何が入っているのでしょう。詰め込まれたモノたちをどれだけ把握できるのでしょうか。

賞味期限が切れたままの乾物や調味料が入ったままではありませんか？

あるいは、すでに2つ3つあるにもかかわらず、考えずに購入し、ゾロゾロと同じモノが出てくることがあるのでは？

キッチリと収めることを目的とするならば、それはそれでいいのかもしれません。しかし、キッチリと収めたばかりに、取り出すのがおっくうになることもありますよね。収めたままになって、掃除すら面倒となり、ホコリがひそやかに堆積していくことも。

必要がないモノ、過剰なモノを効率よく収めていくことに、どれだけの意味があるのでしょう。そこの検証なくして、ひたすら収納に取り組んでいるとしたらどうでしょう。

収納術は、モノを効率よく収める卓越した技術ではあるけれど、その目的をはき違えると、モノにも、収納空間にも、家にも、そして、そこで暮らす私たちにも、窮屈を強《し》いることになります。

断捨離では、空間は「ゆとり」と捉えます。空間を「無駄な隙間」とは考えません。その隙間があるからこそ、空気が流れ、淀《よど》みを取り除いてくれるのです。

何もない隙間こそ、有効に機能していると考察していきます。取り出しやすく、しまいやすく、ホコリを溜めず、しかも掃除も楽にしてくれる……そんな風に隙間の機能を見出《みいだ》していきます。

心しておきたいのは、空間をゆとりとするのも、無駄な隙間とするのも、やはり、自分自身の焦点の当て方次第であるということ。

自分にとって、大切なモノであるならば、なおのこと。そのモノがより心地よくいられるように、窮屈にではなく、ゆとりとともに過ごせるように心がけていくのです。

◆八方美人から素肌美人を目指して

収納術を人にたとえるなら、まるで「八方美人」のよう。

何もかも引き受けて、それらすべてを収めようとする。それは、誰にでもよい顔を向けるのと同じことです。

必要なければ、断ることもある。
必要なければ、捨てることもある。
ふさわしくなくても、そう。
心地よくなくても、またしかり。

断るのも、捨てるのも、決していい感情ではいられないですよね。程度の差こそあれ、申し訳なさや後ろめたさがつきまとい、断ることが憚《はばか》られるもの。

だから、捨てることを躊躇《ちゅうちょ》するのです。

何もかも引き受けて、収めることに取り組めば、少なくとも、申し訳なさや後ろめたさは回避や軽減ができます。

そして、その代わりに、大量なモノたちのために、自分の大切な時間と空間とエネルギーを差し出し続けることになります。

けれど夥しいモノたちが、自分にとって必要で、ふさわしくて、心浮き立つものであるならば、それらの整理収納に費やす時間・空間・エネルギーは、違った質で充実するのも、また確かなことです。

要は、そのモノたちと自分との関係の問い直しがあるのかないのかで、収納術が有効に機能するのか、マイナスに作用してしまうのかが決まるのです。

逆に断捨離とは「素肌美人」。

断捨離には必ず、断ること、捨てることが伴います。勇気を出し、覚悟を持って、それを繰り返します。

壁面いっぱいの大容量の収納棚。中身のひとつひとつについて丁寧に関係の吟味をしていくと、残らず手放すことになり、その収納棚さえも存在の意味をなくして撤去となることもあります。そうすると、元の壁が蘇《よみがえ》り、素肌が現れてくるのです。

必要か必要でないかを問いかける作業さえも無駄に思うとき、そんな時間もない場合は、あっさりと、丸ごと捨てる選択をする場合もあります。これにはもちろん、大切なモノがそこに隠れているかもしれないというリスクがあります。しかし、長い間、顧みられることのなかったモノたち、あることさえも忘れさられたモノたちの中の、わずかな確率のお宝の存在に固執するよりも、取り戻せるであろう空間の爽快感に焦点を合わせるのです。

けれど、これも自由な選択です。どんなやり方でもかまいませんが、結果のすべては自己責任。断捨離とは、どこまでも、自立した素肌美人を目指すものなのです。

選択と決断の重要性

◆その創意工夫はモノのため？

モノを絞り込んで、空間とのバランスをはかる。
モノを絞り込んで、自分の時間とエネルギーとの調整をはかる。

これが、断捨離の片づけです。

モノを絞り込むということは、選択・決断の連続です。そう、選択・決断なくしては、モノは減ってはいきません。

入り口での【断】。何を取り込み、何を取り込まないかを選択・決断します。

出口での【捨】。何を残し、何を取り除いていくのかを選択・決断します。今、目の前にあるモノの山は、自分の選択・決断の結果であり証拠品です。

これら結果・証拠品と、今の〝わたし〟がよい関係であるのかどう

ココをCHECK!

手間と時間をかけて、もちろん空間も費やして収納したモノたち。それは、いったいどんなモノなのでしょう。

□来客用にとってあるもの

普段は使わない、来客時に使用する食器類。クロスやランチョンマットなど。

□いつか使おうととってあるモノ

旅行先で捨ててこようと思い、とってある下着。デパートの紙袋や保冷剤など。

□見るたびに「こんなモノあったなぁ、買ったなぁ……」と凹んでしまうモノ

一度使ったきりで放置したダイエット器具。頑張って買ったけど着ない服など。

□特に気に入っていないけど、ただ置いてあるだけのモノ

お土産でもらったモノ。自分の趣味とは違うモノ。キャンペーングッズなど。

□「とりあえず」と購入して、実際には一、二度しか使っていないモノ

旅行前に緊急で購入した防寒インナー。引っ越しのあと、取り急いで買ったカーテンなど。

□実家からなんとなく持ってきて使っているモノ

玄関マットやバスタオル、大きすぎるゴミ箱、用途不明のバケツなど。

かは、モノと向かい合えば、自分の選択・決断の検証ができます。

片づかないことが悩みの種となり、モノの山が自分を圧迫して立ちはだかっているのならば、モノの入り口や出口での選択・決断に拙《つたな》さがあったのかもしれません。それは、数や量かもしれないし、質の問題かもしれませんね。

このように、考察・検証していくのが断捨離です。

もちろん、選択・決断の間違いや失敗なんて、いくらでもあるもの。いくらでもあるからこそ、それを素直に認めて受け入れ、あらたな選択・決断の糧《かて》としていくのです。

加えて、時間の経過とともに、過去の選択・決断の結果も変化していますよね。

あのとき、よかったことや悪かっ

たことが、今はどうなんだろうかと、日々検証が必要になります。

収納術が、ひたすらモノを効率よく収めることに焦点を合わせ、創意工夫の名のもとに、限られた空間により多くのモノを詰め込むための技術であるならば、そこには選択・決断はありません。今の"わたし"にとって、価値ある関係のモノを選び抜く力が育たないでしょう。収納術は選択・決断の回避といえます。

私たちは、何をそんなに収納しようとしてきたのでしょう。何にこだわり、何にとらわれて収納しようとしてきたのでしょう。

モノを収めてとっておくことの意味、自分にとっての意義。目の前に収められているモノたちと自分との関係。

そこへの気づきがないままの収納術であるならば、それは、モノのための術《すべ》であって、自分のための術ではなくなります。

モノに取って代わられた暮らしだなんて。
モノに何もかも差し出す人生だなんて。
モノ軸からの卒業。自分軸の取り戻し。

そのためには、小さな選択・決断の繰り返しが必要です。その小さな繰り返しが、まさにトレーニングとなって、自分自身を、より逞《たくま》しくしてくれるとは思いませんか。

◆優先順位を間違えると……

片づけを山登りにたとえてみると……。

山登りの初心者が、大きくて重たい荷物を担いで登山することは、いかに大変であるかは容易に想像できますね。まして、登山が趣味や好きなスポーツでないのであれば、その大きな荷物を見ただけで、やる気が失《う》せるのも無理もないこと。挑戦しようとする意欲より、なんとかして逃げ出そうと、そんな気持ちになるものです。

これは片づけも同じ。もし、地上にいるのではなく、モノの海に溺れているとしたら、登山以前の問題。取り組むべきことは、違ってくるでしょう。

モノが片づかないのは、量のせい。そうです、ただ量が多すぎるからです。

まずは、ゴミ・ガラクタのヘドロの海から、浮上することが最優先事項となります。

つまり、自分を沈めているオモリのようなたくさんのモノたちを外していくことです。ひたすら捨てていくことで、自分自身が軽くなると同時に、モノがヘドロと化して濁っていた海の水も、クリアになっていくプロセスです。淀みが消えていく住空間で泳ぐ、軽やかな〝わたし〟を少しずつ取り戻していくのです。

そうやって回復したら、次こそ、登山の始まりです。頂上に歩みを進めていくためには、気力体力を最後まで温存しておくことが大切ですから、荷物は可能な限り絞り込み、厳選していきます。「片づけ」という登山が苦手であればなおのこと、登山初心者であればなおのこと、大きなリュックは負担にしかなりません。

収納術という片づけメソッドは、ある意味、卓越した技術ではあるのだけれど、使いどころを間違えると、とても罪つくりなものとなります。溺れている人に「さぁ、山に登りましょう」と言っても無理ですよね。夥しい量のモノの山を前にして「さぁ、すべてをしまっていきますよ」「きちんと収めていきますよ」「こんな工夫をすればいいですよ」などとコーチをすることが、いかに無謀であることか。そうやって、いかに登山初心者を潰してきたことか。本当ならば、登山の愉しさに目覚める可能性がいくらでもあったかもしれません。

どんな有効な技術であっても、前提への考察や背景の見極めを怠れば、時として、負の作用を引き起こすことになります。これは、何も収納術に限ったことではなく、この断捨離とて同じことです。

だからこそ、改めて、何度でも確認しておきたいのです。片づかないのは、片づけられないのは、ただただ、モノの量が多すぎる、そこに尽きることを。

◆モノと空間とのバランス

モノの量・バランスについて考えてみると、おそらく、空間に対して、ふさわしいモノの量というのがあるのでしょう。

自分にとっての必要量ではなく、今、自分がいる空間とモノの量のバランスを指します。空間に対しての適量という、心地よさを損なわない量というものがあるはずです。

もし、その量を超えているとしたら、どんなに美しくモノが収納されていたとしても、そこには圧迫感が残ってしまいます。壁一面の大容量の収納棚は、モノのためには存在しても、そこに暮らす〝わたし〟にどれだけの貢献をしてくれているのかどうか、検討してみる必要がありそうですね。

けれど、整頓されているばかりに、かえってごまかされてしまうこともあります。そこにある部屋がキレイだったら、問題ないと思うのが普通です。

しかし、私たちが暮らす住空間は、

断捨離
Q&A

Q 今という時間軸はどれくらいの期間を指すのでしょうか？

A 人によって「今」という時間の期間がまちまちですね。今を1年と定義する人もいれば、10年を今の期間内と考える人もいます。「今」の捉え方は自由ですが、思考や感情を、過去や未来に分散させると、自分が今持っているエネルギーも、過去や未来に分散してしまうのです。エネルギー不足はそのせい。自分にとって適切な「今」という期間を創造していくのが断捨離です。

物置ではありません。私たちの住まいは、モノのためにあるのではないのです。

断捨離は、片づいていないことを責めるものでも、散らかっていることを責めるものでもありません。まして、片づいていることを誇るものでもありません。憂いているのは、必要もないモノやふさわしくないモノたちが、意識されることなく漫然と堆積していることです。

家の中すべてが物置に！

いつの間にかモノが溢れ家の中が物置になっていませんか？　いつかは片づけようと思っても、そのままになっていませんか？　モノが溢れる原因は次の４つが考えられます。

❶モノが勝手にやってくる

❷モノが勝手についてくる

❸モノがないと不安になってくる

❹割安感でつい買ってしまう

贈答品、景品、おまけ、粗品、バーゲンセール etc.……。

暮らしていれば、散らかることなどいくらでもあります。散らかっては片づけ、片づいては散らかる、その繰り返しといえます。

モノが静かに整然と収められ、なんら動きがないとしたら、そこにあるモノたちの存在の意味は希薄ですね。けれど、モノが窮屈に収められた部屋で、手足を伸ばして寛《くつろ》ぐことが妨げられているとしたら、そのほうが問題です。それ以上に、大きな収納棚のために引き起こされる空間の閉塞《へいそく》。それは、私たちの暮らし、気持ちを、どれだけ息が詰まるものにしているか、このほうがずっと大問題ですね。

◆空間のクリエイト〈ダウンサイジング〉

「収納」という片づけと、「断捨離」という片づけを実行レベルで考えると、見事といっていいほどの違いがあります。

一番大きな違いは、断捨離では場所がいらないということです。断捨離は、そもそも収納するモノを減らしていこうという発想ですから、モノを収める場所を確保する必要がありません。それどころか、何もない空間をつくり出していこうとするのが断捨離ですね。

だから、モノのための棚づくりも必要なし。メジャーを持って計測し、トンカチやドライバーを持って棚を設置することも無用な作業です。不器用さんでも大丈夫、安心してどうぞ。

そして、収納グッズも必要ありません。大きな衣類用のコンテナも、細々とし

ココをCHECK!

停滞運を呼び込んでいないかどうかを以下のチェックリストで見直してみましょう。

- □何が入っているかわからない引き出しがある
- □床のモノにつまずくことがある
- □ここ3ヵ月全く使っていないモノがある
- □玄関に自分の靴が2足以上出ている
- □おまけつきが好き
- □片づけるつもりはあるが、明日でもよい
- □かわいい箱、包み紙が捨てられない
- □開けるとなだれが起こる押入れがある
- □衣替えするたび、着るものがない
- □日常的に高級品は使えない

→いくつチェックがつきましたか？　多いほど、停滞運に要注意です。

た仕分けのカゴやトレーも、必要最低限の数ですみますから、かかる費用も最低限になるわけです。

思えば、私たちは、モノを収めるために、モノをひたすらとっておくために、どれだけのコストをかけてきたのでしょう。

最初は、小さな整理ダンスから始まり、そのうちそこからもモノがはみ出し、収納コンテナを買い足す。それでも、溢れるモノが出てくるので、一部屋は納戸と化してモノのために提供される。さらに、そこにも入りきらないモノのために、庭に物置を設置する。けれど、それでも、モノは増え続ける……。

しまいには、これは家の構造に問題があると思い込み、大容量の収納スペースが充実した今風の家に憧れるという次第。

サイズをひたすら

広げていくという暮らしになり、その際限ないいたちごっこが、どれだけ、私たちからゆとりを奪ってきたのでしょうか。

断捨離とは、ダウンサイジング。引き算を繰り返し、空間を取り戻し、ゆとりを取り戻す作業です。

断捨離で、実際に必要となる準備品はゴミ袋だけです。そして、ゴミ袋の中に詰め込まれていくモノは、私たちがそこに詰め込んでいくモノたちは、自分の人生を詰まらせていた諸々《もろもろ》の証拠品なんですね。

◆捨てる許可を出すこと

自分自身に、モノを「捨てる許可」を出すのは難しいことです。なぜなら、そこには不安と恐れが常につきまとうからです。

失う「不安」と「二度と手に入らないかもしれない」という恐れ。この不安と恐れの間を行ったり来たりしている私たちは、やがて、それによって思考停止状態を招くことになります。

失う不安は、何かを守ろうとしているから起こるもの。では、いったい何を守ろうとしているのでしょうか。それを考えることはありませんよね。

二度と手に入らないかもしれないという恐れは、ネガティブな要素で未来を

染めているから。ならば、なぜ未来を希望的に捉えようとしないのでしょう。必要なモノは、その時々で、ちゃんと手に入れられるであろう自分を想定してもよさそうなのに……。

結局のところ、私たちは、失敗を自分に許さないのでしょう。無意識のうちに許していないのです。少なくとも、そのモノをとっておけば、そのモノがなくて困るという失敗経験は回避できるでしょう。他者から責められることも、もちろん自分自身を責めることも回避できます。

失敗への不許可。失敗に対して寛容ではない自分と他者と社会の中で、私たちは閉塞感を味わい、そして、受容に欠ける環境の中で、解放感に憧れているかのようです。

収納とは、無駄な空間をモノで埋めていくこと。

断捨離とは、モノを手放して、大切な空間をつくり出していくこと。

そして、空間を創造していく断捨離とは、寛容と受容とを生み出していくこと、閉塞感を解放感へと入れ替えていくことといえます。

空間を無駄と捉えるか、ゆとりとして、大切なものとして捉えるかで、私たちの環境は大きく変わるでしょう。私たちの気持ちは大きく入れ替わるのです。

不安と恐れという停滞から、安心と希望への代謝の促進へ。それが、断捨離の醍醐味ですね。

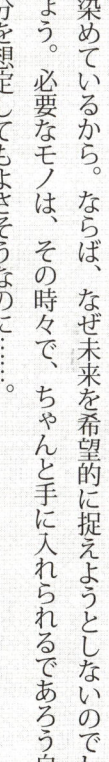

断捨離の基本鉄則①　モノを絞り込む

断捨離を始める前に
自分のことを考えましょう

□モノを押入れや物置に放り込む
□景品やおまけはもらう
□セールや値引き品に弱い
□衝動買いをよくする
□未来への不安感で溜め込んでしまう
□モノが捨てられない

「モノが捨てられないんです」「部屋がいっぱいで」「片づけられないんです」という声を多く聞きます。あなたも上記の項目に当てはまるかチェックしてみましょう。自分とモノとの関係を問いただすことが、断捨離の第一歩です。

すべては捨てることから始まる断捨離

「どうして片づけられないのだろう」と悩んでいる方は多いもの。

一度、キレイに収納してもあっという間にゴチャゴチャ。時間も労力も無駄に感じることも。では、どうしてそうなるのかを考えてみると、面白いことが見えてきます。実はスペースに対してモノが多すぎる。すべては量の問題なのです。断捨離の第一歩はモノの絞り込み、そう「捨てる」ことから始まります。

「今」という時間軸で「今の私にふさわしいモノ」を選ぶ

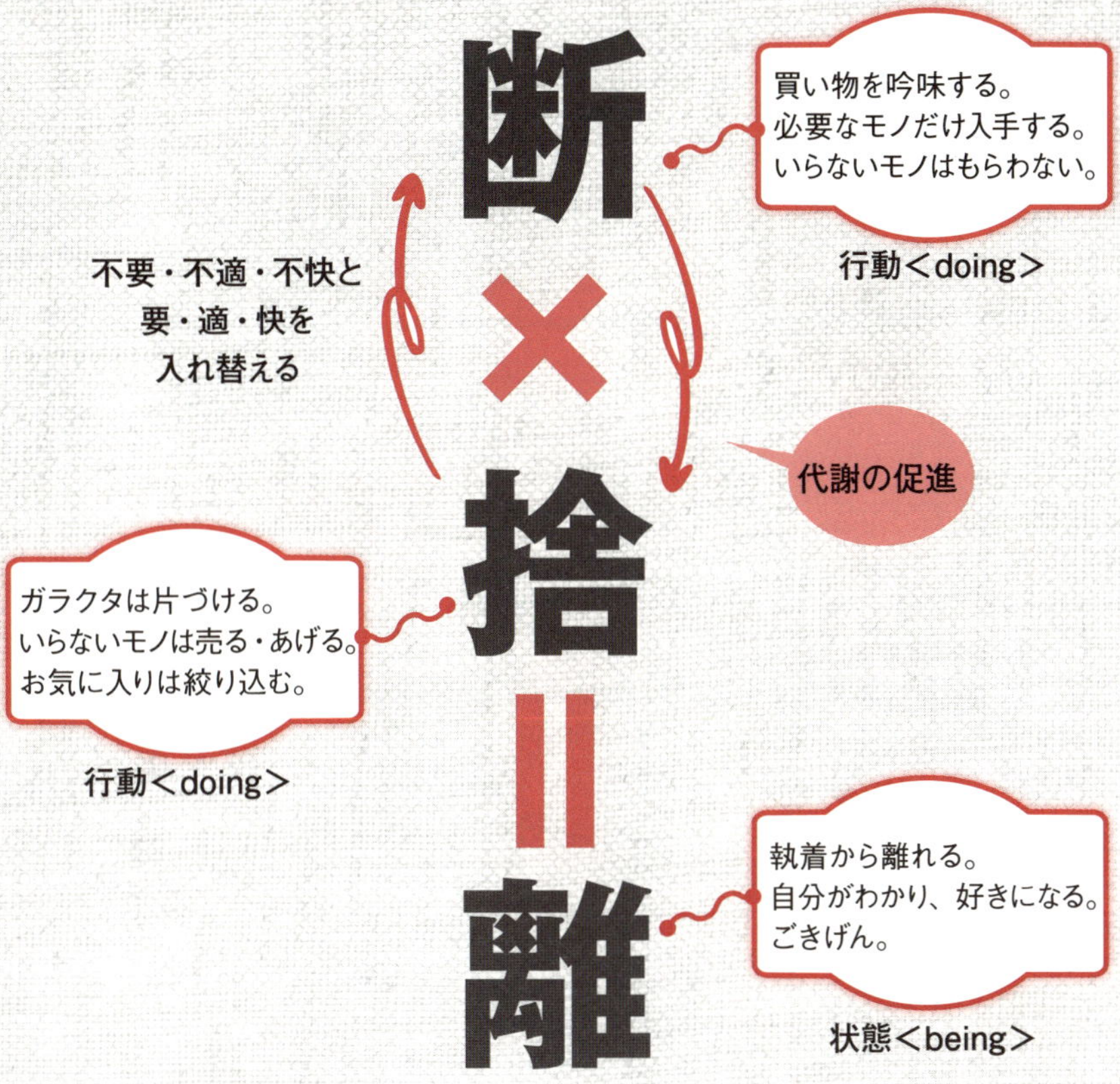
断
買い物を吟味する。
必要なモノだけ入手する。
いらないモノはもらわない。
行動＜doing＞
不要・不適・不快と
要・適・快を
入れ替える
×
代謝の促進
捨
ガラクタは片づける。
いらないモノは売る・あげる。
お気に入りは絞り込む。
行動＜doing＞
＝
離
執着から離れる。
自分がわかり、好きになる。
ごきげん。
状態＜being＞

モノへの執着を捨てるトレーニング＝断捨離

ただし、なんでも捨てようというわけではありません。今の自分にとって必要なものは何か？　を問いかけることが断捨離なのです。

タンス10竿に、ぎっしりと洋服を持っていながら、「着たい洋服がないから、買い物についてきて」と母親から頼まれたと嘆く娘さんがいます。たくさん洋服はあるけれども、そこには今着たいものがないということですね。タンスの中の服、かつて大事に着ていた「愛着」は、すでにただの「執着」に変わったことにも気づかず、手元に置いているだけだとしたら。今一度モノと自分との関係について考えてみる必要がありそうです。

断捨離の基本鉄則② 選択基準は「自分×時間」

モノと時間の関係

過去

思い出がある。
もったいない。
捨てるのが
後ろめたい。

人からもらったモノや旅行先で買ったモノ、まだ使えるモノを捨てると考えると、後ろめたい気持ちになります。つまり、これらのモノは呪縛、心を縛っているのです。

現在

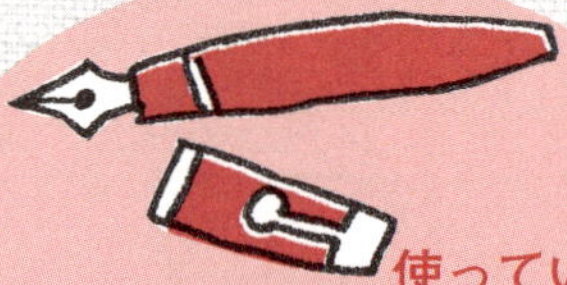

毎日
使っている。
ときどきでも必ず使う。

ペンや食器、衣類など、生活に必要なモノ、毎日使うモノはアクティブなモノといえます。これらを必要以上に持っていて、使わずに眠らせておいたらアクティブとはいえません。

未来

いつか使う。
いつか
捨てる。

「いつか」という言葉によって置いてあるモノ。でも、ほとんどは使われずに溜まって溢れています。使わずにとっておくだけではゴミと同じ。未来を不安に思う心が、必要以上にモノを溜め込むのです。

時間軸と自分軸で考えると不要なモノが見えてくる

ここで明確にしたいのは「断捨離」という言葉の定義です。断捨離でいう片づけとは、必要なモノの絞り込み作業。絞り込みの基準は「自分とモノの関係性」と「今」という時間軸。つまり、モノと自分が、今〝生きた〟関係なのかどうかを問い、取捨選択していく行動なのです。改めて考えると、ドキッとするかもしれません。私たちはこれまでただ漫然とモノを移動させていたのです。

モノと自分の関係

断捨離は自分軸。あなたはモノを主役にしていませんか？　ここでモノと自分の関係性を見直してみましょう。

モノ	自分の思い	考察
衣類	・今年の流行に合うものが欲しい ・痩せたら着られる服がある	・流行に乗っている人と思われたい
バッグ	・ブランド物が欲しい	・自分の価値を高めたい
靴	・よく履く靴が決まっている	・お気に入りは決まっていて偏りがある
下着	・まだ使える	・もったいない

今必要なモノだけになれば、空気が息づき、蘇る

日本には〝もったいない〟という言葉があり、モノを大切にすることが尊ばれています。もちろん、それは大事なことです。でも、モノを大切にするということはどういうことでしょう。

バッグのハンドルが壊れたら、修理に出す。「モノを慈しむこと＝愛着があるという証し」。タンスの底に眠らせたまま、あることさえ忘れているとすれば、〝愛着〟があるといえませんよね。断捨離では必要なモノだけに絞り込み、慈しむ。自分の周りはベストな状態になるので、自然といい気に溢れると思いませんか。

断捨離の基本鉄則③　空間が心にゆとりを生む

空間にゆとりのある家

ゆったりとした空間が心にゆとりを生む

断捨離とは引き算。足し算ばかりを重ねると、溢れるモノで、窮屈になるばかりですね。電車内に置き換えてみましょうか。ラッシュ時の満員電車内で、ひたすら到着駅まで無言で耐える。なんだか今すぐにでも窒息してしまいそうですね。

でも、これがゆったりと座って隣の席に誰もいない状況をイメージしてみると……。何もない空間があるからこそ、心にもゆとりが生まれてくるのです。

断捨離の収納は７・５・１

見えない収納は７割

押入れやクローゼット、物置などの見えない部分の収納は7割にし、３割は空けておきます。これがモノの通り道になり、モノの出し入れがスムーズに行えるようになります。また、余裕があるからしまいたくなる、という心理的な効果もあります。

見える収納は５割

食器棚やサイドボードなどは５割にします。この食器はお客さま用……という考え方ではなく、自分が普段から使っているモノがお客さまに出してもかまわない、厳選された素敵なモノであればよいのです。

見せる収納は１割

棚の上などの飾り物は最小限の1割に留めます。厳選されたモノを飾ることで、存在感・高級感が醸し出されます。また、たくさんあると掃除も大変になりますが、余裕のある空間ではこまめに行うことができ、より磨かれた装飾になります。

収納の基本は７・５・１

何が必要なモノかがわかり、頭の中がすっきり整理されると、次はモノを収納する段階に入ります。余分なモノがそぎ落とされ、モノが厳選されたからこそ、収納が美しく生きてきます。何より、モノが少ないので、より容易に収納に取り組めますよね。

断捨離が提唱する収納は、「見えない収納7割」「見える収納5割」「見せる収納1割」という法則です。見えないところには、10割モノを詰め込んでもいいのではないか？　と思うかもしれません。でも、3割の空間を残すことでモノの出し入れがしやすく、常に何があるか把握している快適な状態をキープできますね。

Column　使わなくなったバッグを捨てられなかった本当の理由

30代半ばのＫさん。7年前に購入してボロボロになったブランドのバッグをどうしても捨てられない。「きっとまた使えるから……」と自分に言い聞かせてみるものの、もう２年前から登場の機会はない。モノを大切にするのはいいこと。いろいろな言い訳を自分にしながら、クローゼットの片隅にバッグを置いていた。しかし最近、断捨離にハマり始めているというKさん。どうしてバッグを捨てられないのか？　を考えてみることにした。すると、捨てようとするたびに友達からのある言葉が脳内でリフレインするということに気がつく。「K、そんな高いバッグ買うの？」。それを聞いた瞬間、Kさんは〝あなたにそんな高いバッグはふさわしくない〟と自己否定されたような感情が湧き上がり、なんだか腹が立ったのを思い出した。そこで、どうしても欲しいというわけでもないのに、半ばムキになって購入。そのことをすっかりと忘れていたのだ。でも、実は忘れていたのではなくて、その事実を思い出すことが辛かった。だから、気づかないふりをしていた。

どうして捨てられないのかが明確になり、そのことにとらわれていた自分がバカらしくなったというKさん。今の自分にとってはもう不要な存在……そう認められた瞬間に急に気持ちがラクになったという。そして、２年間クローゼットの片隅で眠っていたバッグは消え、さっぱりした気分を手に入れた。

第1章

断捨離と収納術はこんなに違う

「断捨離」が何か、少しわかってきたところでしょうか？
この章では、さらに収納術との区別をハッキリさせながら
より具体的に見ていくことにします。
あなたはそれでも収納術を支持しますか？

track 01

空間に漂うノイズに気づく

モノから発せられるささやきを想像したことがありますか？

放置されているモノたちや、忘れたまま積み上げられたモノたちがひそひそとささやき合っているとしたら。想像してみたことはありますか？　あるいは、声なき声で何かを訴えているとしたら、いったいなんと言っているのでしょうか。

「私たち、いつからここでじっとしているのかしら」「僕たち、いつまでここでじっとしていなくてはならないのかな」「以前はずいぶんと出番があったのに」「今は、ここにいることさえ、気がついてもらっていないよね……」。

そんな声が聞こえてきませんか。

保管され、放置され、忘却されたままの状態。ホコリまみれで乱雑に堆積しているままの状態。そんな扱いを受けているモノたちが、やるせない声をあげているとは思いませんか。いえ、声だけではなく、うらめしげな視線を投げかけているかもしれませんね。

これこそ「空間に漂うノイズ」なのです。

聞こえない・見えない ノイズが ストレスの原因に

ラジオから聞こえてくる音声にノイズが混じったり、テレビ画面にノイズがちらつけば、とても不快になるはず。そして、それが長時間続けば、かなりのストレスになるでしょう。

空間がモノでいっぱいであるならば、そこにはノイズもいっぱい。しかも、それらが顧みられることのない、終わった関係のモノたちならばなおのこと、ノイズは大きく強くなっていきます。

空間に漂う、聞こえないノイズと見えないノイズ。そんなノイズがいっぱいの中に、日々晒されているとしたら、イライラとするのも当たり前のこと。いえ、イライラしている間は、まだマシかもしれません。やがては「感覚麻《ま》痺《ひ》」という防衛機能が働いて反応さえ起きなくなる可能性もありますよね。

もし、無気力でやる気が起きない、元気が湧いてこないという自分がそこにいるならば、あまりにもたくさんの空間のノイズに、あまりにも長く浸っているせいかもしれません。

モノを取り除いていくことは、ノイズを減らしていくこと。それは、ストレスの種を取り除いていくこと。そうやって空間を取り戻せば、きっと、そこには快い軽やかな音と映像が流れ出しますね。

track 02

自分をもてなす場をつくる

ゆっくりと寛ぎ、安心できてこそ住まい

多くのモノが堆積した家を見て思い浮かんだのが「量×場所×期間」という公式。これは環境が受けるエネルギーの大きさを表します。つまり、夥しい量のモノが長い期間堆積していれば、負のエネルギーがかかるということです。住まいはそもそも健康と安全のためにあるもの。タンスの上、天井までうず高く積まれたモノに囲まれたらゆっくり寛げませんね。住まいは、安心できてこそ住まいなのです。

住まいが快適になれば呼吸の質もよくなる

住まいの大前提は「健康と安全の確保」。断捨離でも、最重要課題です。安全や健康が確保されていなければ、「住まいであって、住まいではない」ということになります。ここで家の新しさ古さは関係ありません。モノを堆積させてしまうと、そこにはホコリ、カビ、ダニなどの、健康を損なう因子が満載ですね。

人間が生きるために欠かせない「呼吸」、呼吸の質も大切にしないといけないと思うのです。

Column インテリアコーディネーターだけど、家は汚部屋

「きっとご自宅もステキでしょう」といわれるたび落ち込みます。インテリアコーディネーターを始めたのも、家事しか能がない私でも認めてもらえる仕事だからという理由でした。けれど、会社での評価が上がる一方で、家は荒れ放題。断捨離を始め、モノが減るにしたがって忙しくても片づけられるように。「自分だってやればできる!」という自信貯金もできました。(Mさん)

自分をもてなす場になっている？　なっていない？

断捨離 Q&A

Q 住まいを快適に変えるためにいい方法はないでしょうか？

A まずは他人の目線で自分の家を見直すこと。例えば、他の家にお邪魔すると、「なんて散らかっているの？」と思うことがありませんか。そういう目線で家を見つめ直してみると、自分の家も同じような状態にあるかもしれません。断捨離が途中でイヤになる人は、見たくない現実を見る行為に疲れてしまう人です。

track 03

片づけと整理整頓、掃除の違い

断捨離における「掃除」

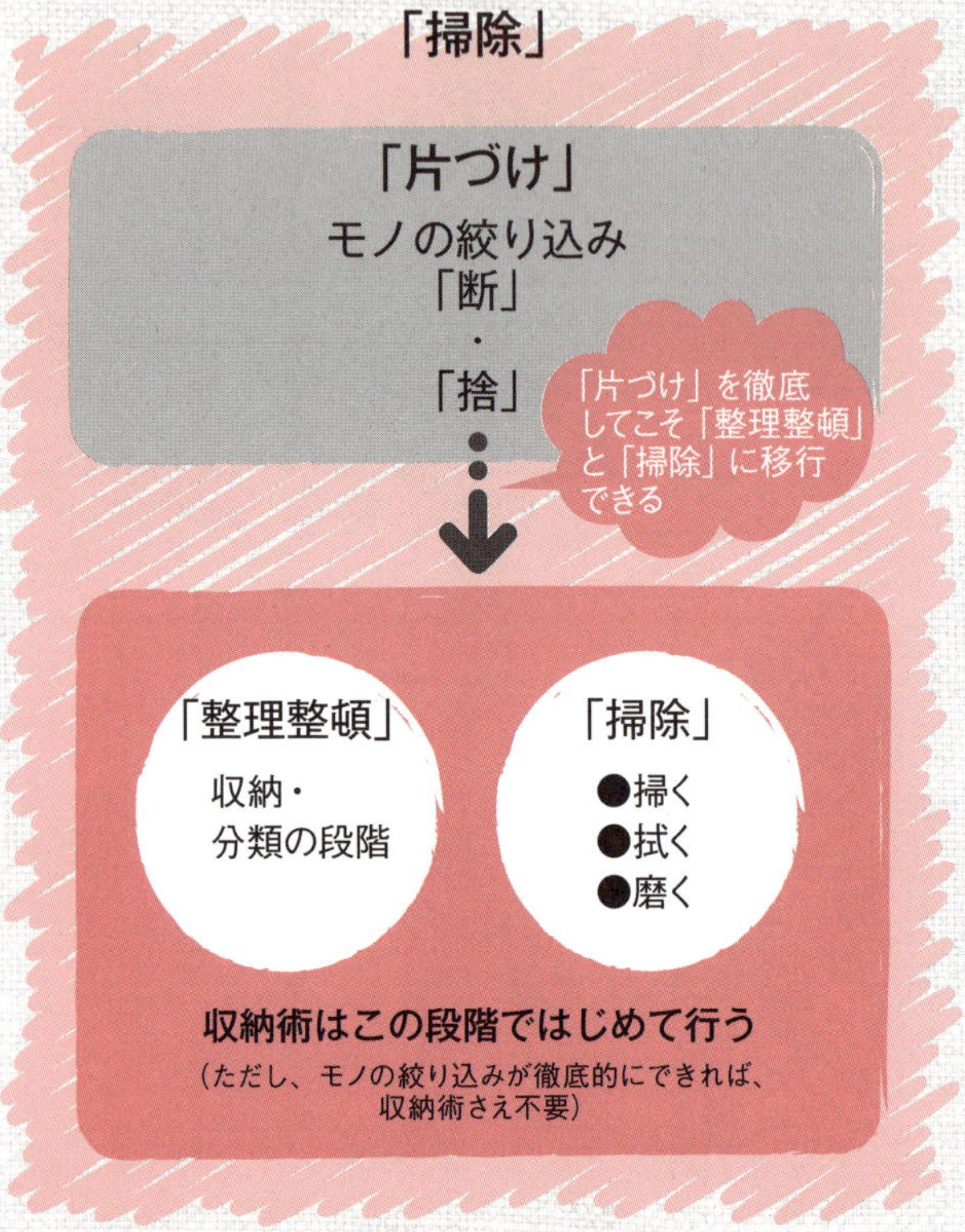
「掃除」
「片づけ」
モノの絞り込み
「断」
・
「捨」
「片づけ」を徹底してこそ「整理整頓」と「掃除」に移行できる
「整理整頓」
収納・
分類の段階
「掃除」
●掃く
●拭く
●磨く
収納術はこの段階ではじめて行う
（ただし、モノの絞り込みが徹底的にできれば、
収納術さえ不要）

掃除の3分類。まずはモノの絞り込みから

当たり前のようで、案外、見落とされているのが、掃除と片づけの中身と手順です。この分類の混乱がそのまま、家の中の混乱につながっているものです。ですから、繰り返し頭の中を整理しておきましょう。

まず「掃除」とは、「空間整備」と理解しましょう。その整備は、「散らかり」への対処と「汚れ」への対処、この2つの作業が必要です。

「散らかり」は、片づけ作業。「汚れ」

断捨離と収納と掃除
断捨離
片づけ≒捨てる
（モノの絞り込み）
まずはここから！
モノをしまう
収　納
掃　除
掃く・拭く・磨く

は、掃く・拭く・磨くの掃除作業です。

もちろん、断捨離も収納も、前者の片づけ作業に入ります。さて、片づけ作業と掃除作業、どちらが先だと効率がよいかは、わかりますよね。散らかったままでは掃除はやりにくい。だから、まずは片づけから始めます。

では、片づけは、どのように見直しましょうか。片づけとは、「モノの絞り込み」という断捨離と「整頓収納」とに分けます。当然、モノが少なければ少ないほど、整頓収納の作業は容易になるので、順序は不要なモノを手放すことからです。

そう、片づけとは、徹底したモノの絞り込みがあってこそ。そうすれば、整頓も収納も、ミニマムな楽々作業へと変容するはずです。

track 04

断捨離と収納はどこが違うのか

断捨離と収納・収納術の違い

	断捨離	収納・収納術
前提	代謝 入れ替え active	保管 そのまま inactive
主役	自分	モノ
焦点	関係性	モノor自分or もらった相手
重要軸	感性　ふさわしい 要・適・快	物質　もったいない 使えるor使えない
時間軸	現在　今	過去　未来 かつて　そのうち
意識	選択　決断	回避
手間	少	多
技術	不要	要
収納グッズ	不要	要

価値をどこに置くかが大きく異なる

収納術はモノを主役に考えていませんか？　と問題提起をしているのが断捨離です。では、改めて2つの違いについて考えてみましょう。

断捨離では、モノは使ってこそ本当に価値があるという「活用価値」に重きを置いています。しかし、収納術では「商品価値」が重要。今、そのモノを使っていなかったとしても、「高かったから」「いただいたモノだから」といろいろな捨てられない理由が湧いて出てくるのです。

Column　コンプレックスにしがみついている自分に気がついた

本が増えて溜まるばかり。読み終える前に、新しい本を書店で買ってきてしまっていました。読んでないので、捨てられません。書棚から溢れた本が山のようになっています。そこで気がついたのは、知識への憧れにも似たコンプレックスでした。もともと、愉しむためであった本なのに、コンプレックスを埋めるため、自身を本で武装していたのです。

ごちゃごちゃの引き出し

モノの絞り込みがもたらす新たな気づき

断捨離をすると、どんないいことがあるのでしょうか。ただモノの絞り込みをしているだけなのに、私に、あなたに、自ずと変化が表れてきます。自分を軸にして、モノとの関係を見つめ直し、取捨選択の決断を繰り返す。つまり「見える世界」で行動することで、どんどん「見えない世界」までも変わり始めるのです。

どういうことかというと、「このモノが今の自分にふさわしい・必要」なモノかを判断するのは、今の自分を理解していく行為そのもの。断捨離を行うことで、自分の今の姿が浮き彫りになってくる——セルフイメージを自分で診断することができるのです。

track 05

断捨離の目標はどこにある？

「捨てる」ことで判断基準を磨く

断捨離の概要をご理解いただいたところで、意識の変化について少し詳しくまとめます。

初期段階ではとにかく「捨」の作業を徹底します。ただ、これまでと違う基準で考えるので迷いもあるでしょう。でも、何度も断捨離を繰り返すと、不思議と潔さと思い切りが身についてきます。とにかく「捨てる」ことで自分を内面まで見つめ直し、自己探求をし、自分自身の判断基準を磨いていくのです。

断捨離による、意識・環境・気のレベル

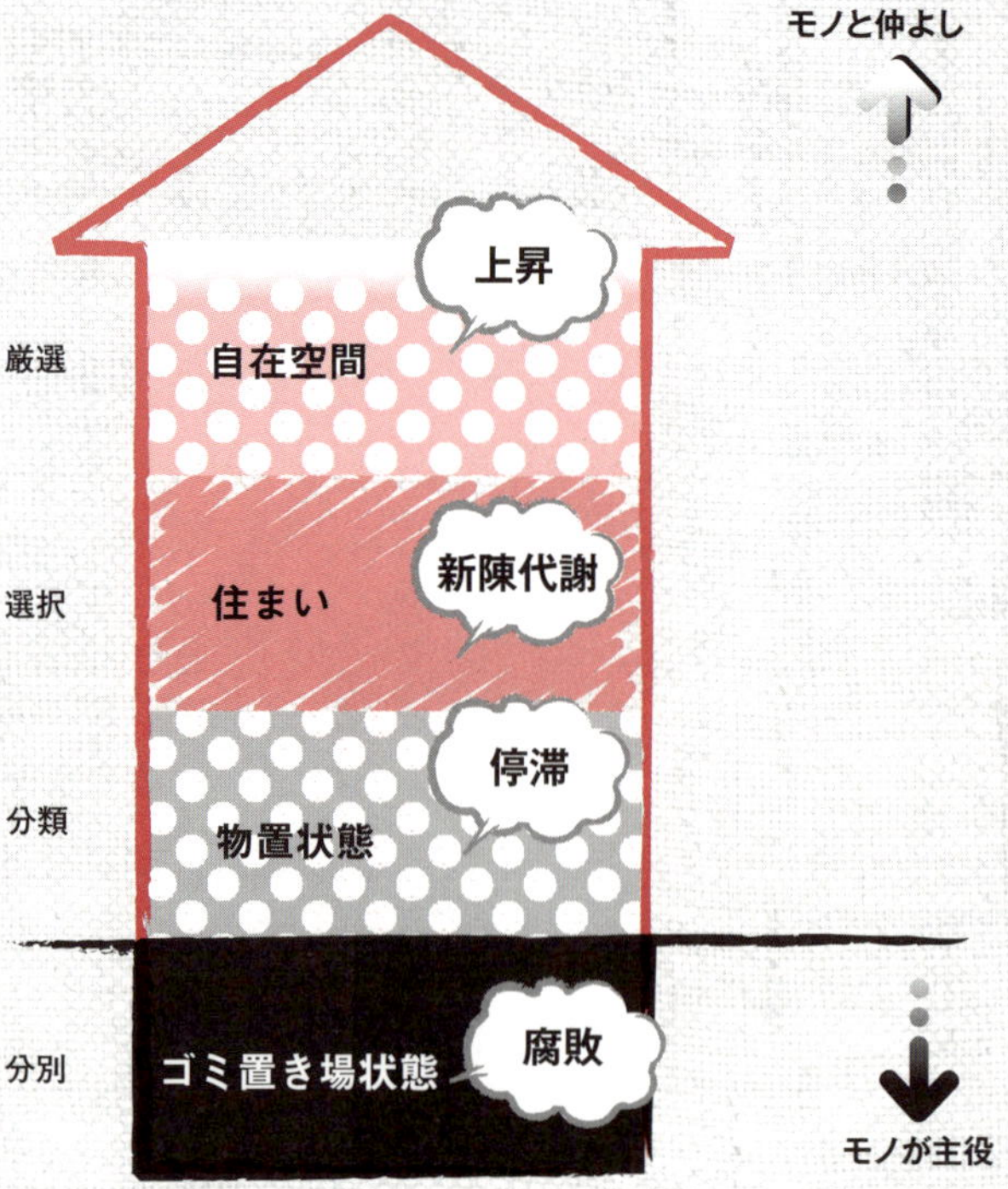

モノと仲よし
上昇
厳選
自在空間
新陳代謝
選択
住まい
停滞
分類
物置状態
分別
ゴミ置き場状態
腐敗
モノが主役

判断のセンサー〈内在智〉を正常な状態にする

断捨離には「捨てる＝doing」という行動が必ず伴います。もちろん「断つ」こともdoing。断捨離では、この2つのdoingを繰り返すことで、次第に「離」の「感じる世界＝being」にも到達していきます。考える状態から感じる状態へと移行する。思考磨きから感性磨きへ。それこそブレークスルーのポイントではないかと考えます。

ここまで至ったらあとはラクなものです。磨き抜かれた思考と感性が、今のタイミングに最適な質と量を選択判断してくれます。これが「離」の状態。食べ物なら美味しい、出来事や人間関係なら、愉しくて面白い状態です。けれど、状態は時間とともに自然と変化していきます。

断捨離とは、変化の受容でもあります。その時々を、最もごきげんであるために、思考と感性のセンサーを磨いていくことなのです。

すべてのモノは「今」必要なモノですか？

多くのモノから、必要なモノだけに絞り込むプロセス。最後に残ったモノはかけがえのない大切なモノだけ。

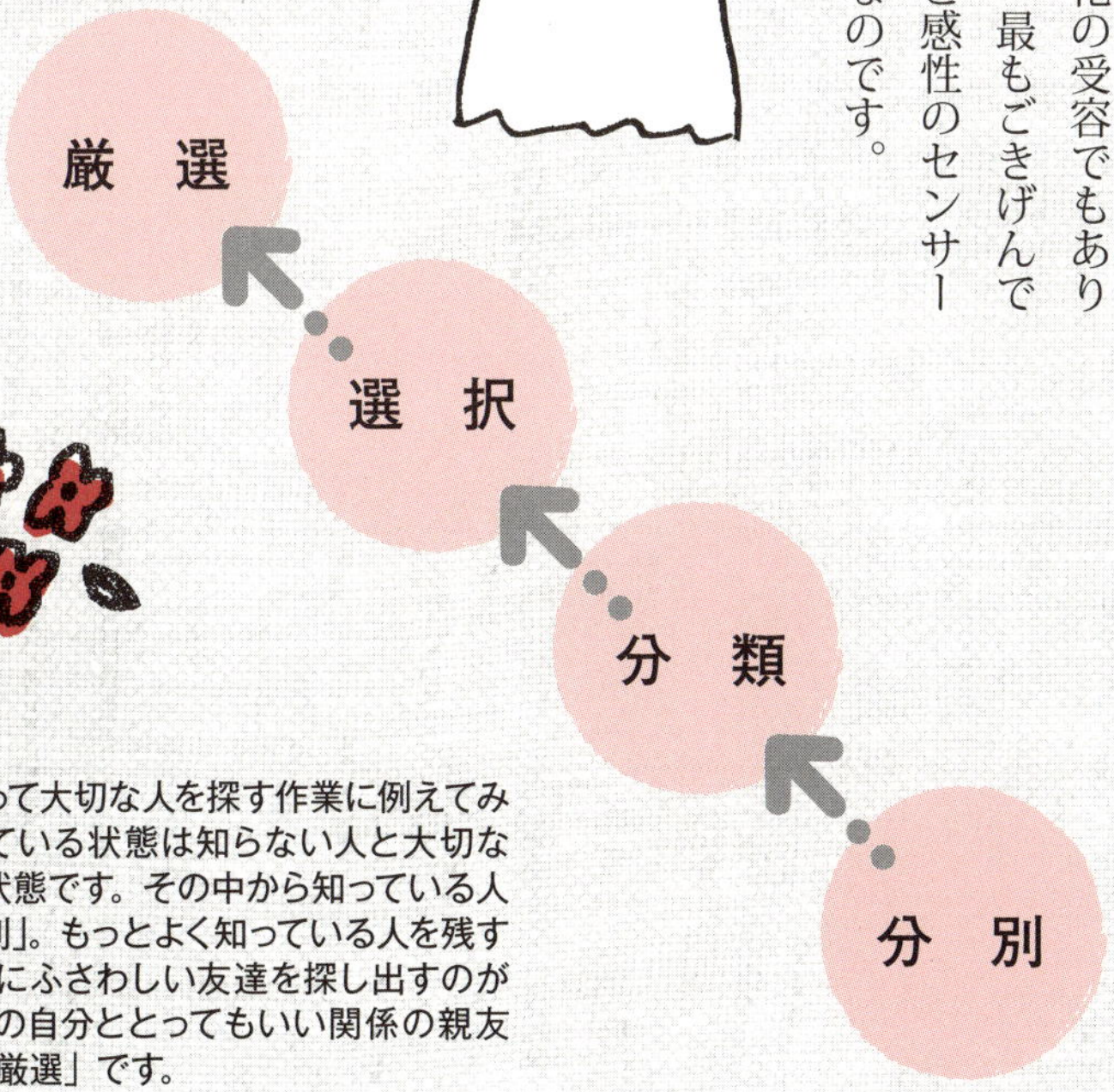

断捨離を自分にとって大切な人を探す作業に例えてみると。モノが溢れている状態は知らない人と大切な人が交ざっている状態です。その中から知っている人を探す作業が「分別」。もっとよく知っている人を残すのが「分類」。さらにふさわしい友達を探し出すのが「選択」。最後に今の自分ととってもいい関係の親友づくりをするのが「厳選」です。

track 06

言葉・環境・行動、3つの力でより健やかに

自力で変えられる場所から断捨離を始める

断捨離では環境を、①「人に関係する環境」もしくは「場所に関係する環境」、②「近い環境」もしくは「遠い環境」、③「自力で変えられる環境」もしくは「自力では変えられない環境」と分けます。断捨離をすることで、少しでも本来のごきげんな自分を取り戻すことを目指すならば、まずは身近な住環境、自分で変えられるところからスタートです。

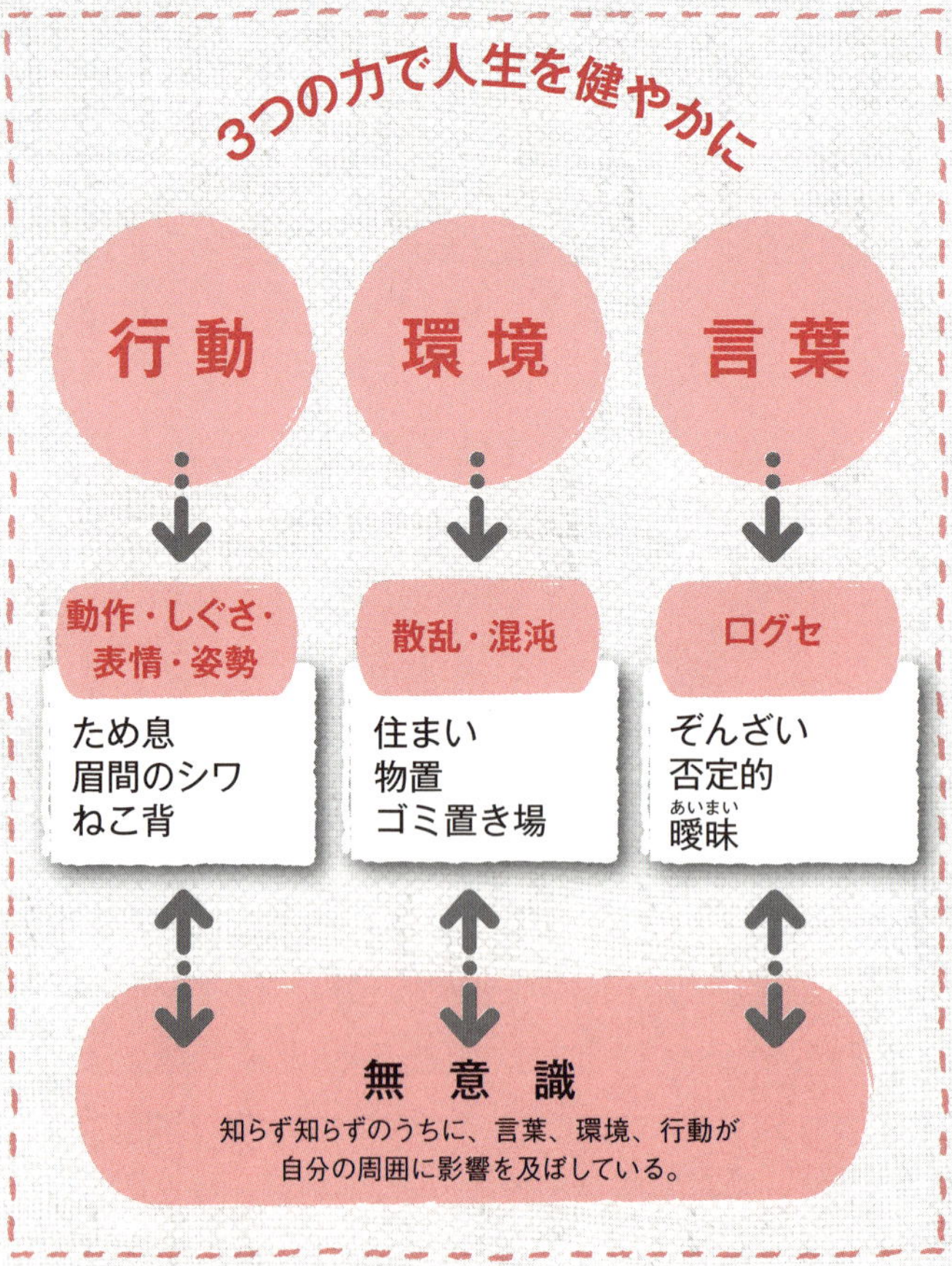

3つの力で人生を健やかに
行動
環境
言葉
動作・しぐさ・表情・姿勢
ため息
眉間のシワ
ねこ背
散乱・混沌
住まい
物置
ゴミ置き場
ログセ
ぞんざい
否定的
曖昧《あいまい》
無意識
知らず知らずのうちに、言葉、環境、行動が
自分の周囲に影響を及ぼしている。

言葉遣いやしぐさなら今すぐにでも変えられる

家に帰ってきたときに散らかっていると、いつの間にか「ふ〜っ」と深いため息を出してしまうことがありませんか。帰宅するまで感じなかった疲労感も倍増するかもしれません。でも、家がピカピカだとどうでしょう。「ほっとするな」などと、ポジティブな言葉が出てくるはずです。家の片づき具合で自分自身の言葉も変わります。

実は言葉や無意識に思わず出てしまうしぐさや表情、言葉、行動が人に与える影響はとても大きいものです。断捨離では自分を大切にするためにも自分の家が自分をもてなす空間になることを目指しているのです。

人に関係する環境
or
場所に関係する環境
空箱
マトリョーシカ
横置きで積まれた本
棚
断捨離できるもの
本はリサイクルショップへ
空箱はゴミ箱へ
変えられる
or
変えられない
自分にとって
近い存在？
遠い存在？

空箱は私のモノ（近い存在）だから、自分で判断できる。棚は場所に関係するモノだから、片づけても問題はない。本は家族のモノもあるけれど（自力では変えられない）、とりあえず自分の本で読まないモノは捨てよう！

track 07

ひとつ片づけることは約束をひとつ守ること

片づけられない自分＝信用できない自分

モノを捨てるのは後ろめたさがつきまとうものですが、「いつかそのうち使うかも」などの理由をつけて、始末を先送りするのも、自分への後ろめたさのもと。それが積み重なると、次第に自分自身への不信感に変わります。例えば、友人とのランチの約束を何度も延期したら、最初は快諾してくれても次第に信用されなくなりますね。自分との約束を先送りにすれば自分への不信感を積み重ねることになるのです。

減点法から加点法へ
今日も
やらなかった
今日も
できなかった
今日はやれた
約束が守れた

ちゃんと決めたことができると、自己肯定感につながり、
もっとよくしようといいスパイラルに入っていく。

ひとつ片づければ、減点から加点に思考は切り替わる

その不信感を払拭《ふっしょく》するために、少しでもいいから場所と時間を決めて、断捨離できたらどうでしょう。今まで減点法で自分を見つめていたのが、「なんだかできる！」と加点法、つまりプラスのセルフイメージが湧いてくるのです。小さなことに思えるかもしれませんが、たったこれだけでどんどん自己肯定感が増していきます。

この自己肯定感こそが〝ごきげんな自分〟なわけですから、断捨離をすることもどんどん自然に愉しくなってきます。こうしてモノの片づけレベルから無駄な自己否定の感情も取り除くことができるのです。

断捨離 Q&A

Q　捨てにくいモノはどうすればいいのでしょうか？

A　人にもらってもらうなど、捨てない方法での断捨離も可能です。今の時代、あちこちにリサイクルショップがあります。本から洋服、PCなどのハードウエア機器まで実にいろいろなものを引き取ってくれます。これなら、他の必要な誰かが使ってくれるし、自分もモノを粗末にしていないと感じることができるので一石二鳥です。

Column　いつかのために大事にとっておいた英会話の教材

学習教材や趣味の用品、美容・健康グッズは、なんとなく捨てがたいですね。高価だったこともあるけれど、やはり中途半端で終わらせている自分が許せないのです。「いつかやるからとっておくのだ」と自分に言い訳をする。「責め」と「言い訳」の一人芝居。そんな滑稽なお芝居が、そこかしこの押入れの奥で静かに演じられているかもしれません。

track 08

知行合一で望みを実現する

知識を得たものを行動に移す「知行合一」

「片づけたい」と「片づける」は違います。

「捨てたい」と「捨てる」は違います。

そうですね、この語尾の違いは願望と意図の違い。もし、ずっとずっと「片づけられない」「捨てられない」との言葉を口にし続けているとしたら、それは、やがては「愚痴」に成り果てることでしょう。

暮らしを、人生を、願望のままに終わらせるのか。愚痴ばかりを垂れ流して生きるのか。まさに、生き方が問われているのです。

モノを捨てていくこと、選び抜いていくこと、そして、意図的に決断していくこと。断捨離は、モノに向かい合って、それらを繰り返していくことから始まる日常のアクションではあるけれど、それは、とりもなおさず、人生へのスタンスの問い直しにつながっていくのです。

自分にとって不要なモノを捨てる。たとえ、それが、たったひとつでも、それは行動を起こしたということ。

自分にとってふさわしくないモノを取り除く。たとえそれが僅かであっても、それは選んだということ。

自分にとって、心地よくないモノを手放す。たとえそれが少ない量であっても、それは決断したということ。

ひとつでも、僅かでも、少なくても、行動を起こしたことは、まぎれもない事実です。捨てて選び決断するという行動を起こしたことが、すべての始まりです。

知識を知識のままに終わらせることなく、行動に落とし込んでいく。

知っていることと、行うことを一致させること、それが「知行合一《ちこうごういつ》」。

知ったからこそ行動できる 小さな引き出しを第一歩に

行動が伴わない知識は、知らないことと同じですよね。まるで持っているだけで、使うこともなく押入れにしまい込まれ、やがてはあることさえも忘れさられたモノのようなものです。

断捨離とは、目の前の日常の世界が、行動の現場です。さぁ、望みを実現へといざなっていきますよ。まずは、小さな引き出しひとつの空間からでかまわないのですから。

「断捨離をするといいことが起きる！」と聞きました

いいことって、なんでしょうね。
いいこととは、断捨離で起きるいいことは、それこそ、人それぞれ。

そして、大切なことは、そのいいことを目指してするわけではないということ。
断捨離は、ただひたすら、モノを絞り込んでいくだけのこと。

自分で考え、自分で思い、自分で感じ、選択・決断する。
そして、その結果が、正であれ、負であれ引き受けていく。

そう、断捨離とは、潔いのです。

断捨離とは、自分で選びぬいたモノたちと、
その仲よしのモノたちとの空間で、自分をもてなしていくこと。

そう、断捨離とは、自分で自分をもてなす作業。

だから、これだけは言えますね。

断捨離をすると、自己肯定感が高まります。
断捨離をすると、自分軸が確かになります。
断捨離をすると、自分への制限が外れます。

自分が好きになって、
自分の気持ちに寄り添いながら、
自分を解放していく。

そんな自分に、どんないいことが起きるかは、ただただ、お愉しみの世界です。

Column 捨てることで新しい人生へ踏み出せた

56歳のときに突然ご主人を亡くして茫然《ぼうぜん》としてしまったというAさん。数年経《た》っても、何も手につかないAさんを見るに見かねた友人が、断捨離セミナーへ参加するよう誘ってくれたといいます。話を聞くうちに、自分でもやってみようという気になり、先生に相談したら、手伝ってくださることに。すぐに先生がいらして、「これはいる？　いらない？」と仕分けがスタート。捨て始めたら、急に拍車がかかり、ゴミ捨て場まで何往復もするほど断捨離をしました。捨てたモノの中で一番多かったのは、キッチン用品。22歳で嫁いで、毎朝4時半に起きて、お弁当を4人分も作っていたころに使っていたために気づかないうちに夥しい数に。片づけるうちに、亡くなったご主人の入れ歯を発見！ それを見て、さぞかし天国で食べにくいだろう！ と大笑い。すると、不思議……なんだか今まで抱えていたモヤモヤ感が抜けて、ご主人の死を受け入れることができたというのです。

モノをとっておかなくても思い出や言葉はたくさん自分の中に残っているので、何もモノを全部とっておく必要はないと一切捨てたのです。家は建て直しなどをしていないので古い家のままですが、モノがなくなってなんだかスッキリ。今の暮らしは本当に快適です。なんだかようやく吹っ切れたAさんは孫の世話をしに出掛けたり、出席していなかった同窓会に出てみたり……。新たな人生へと踏み出せたのです。

第2章

意識を転換してレッツ断捨離

ここまでで断捨離をやってみたくなってきたでしょうか？
この章では、頭の整理をしながら、
自分とモノとの関係を問い直してみましょう。
モノが主役の生活になっていないか、
自分に問いかけてみましょう。

track 01

不要なモノを取り除くアクションを起こす

環境を変えると人は変われる

中国では足裏を見れば、身体の調子がわかるという診断法があります。同じように家自体を人生の足裏と考えてみると、新たなものが見えてきます。表面に見えている悪い部分＝「不要・不快・不適」を取り除くことで、家は「必要・快感・快適」へと変わります。足裏をほぐして、身体の調子をよくするように、家を快適にして、住む人の気持ちを変える。それこそ断捨離がただの片づけでないゆえんなのです。

不要なモノを取り除いて家族も自分も元気になる

不要なモノがあることで、無意識のうちに環境から「あなたは不要なモノがお似合い」とささやきかけられている状態が続きます。そうすると、いつしか「自分＝無価値」と言われているように感じてしまいます。

反対に、不要なモノを取り除いた環境では、そのようなささやきも消え、負のイメージは払拭されます。肯定的なプラスのイメージを抱くことができ、よりよい関係を築くことにもつながるのです。

Column

どうせ自分なんてムリという気持ちが常にあるのですが……？

断捨離はただ単に片づけることだけではありません。モノとの関係性を問う中で、自分の今の状態を見つめ直すことです。その中で自分が変わったという方も少なくありません。夫の死を受け入れることができたり、新たな生活へスタートを切る決断ができたり……。今の自分を変えたいという気持ちがあるのなら、すぐに断捨離を試してみてはいかがでしょうか。

モノは使ってこそ

モノは、今このときに必要とされるところへ。
モノはあるべきところにあってこそ美しい。

居直り

モノがありすぎる。モノが溢れる時代、環境なんだから片づかないのは「しょうがない」。

入れ替え

自己管理をしっかりする。分類や取捨選択の方法がわかるようになれば、モノに対応できるようになる。

発掘

場が整うことで、気持ちも整う。うかつに物事を引き受けなくなる。見過ごしていた（気づかなかった）大切なモノが見つかる。

track 02

モノを主役にするか、私を主役にするか

本当に大事なのはどっち？

モノと私、どちらに比重を置いているでしょうか？

モノを主役にすると家は物置場に

断捨離では、自分とモノとの関係を常に見直します。もし、主役があなたではなくモノになってしまったら、住まいはどうなるのでしょう。住まい＝物置場になりますよね。誰もが物置場には住みたくないはずなのに、無意識に自分に強いてしまう。言葉にはできなくても、なんとなく住まいを居心地が悪いと感じ続けているのです。

Column　一度しか使ったことのないモノは今の私にとって必要？

人は高いお金を払って買ったブランド品やモノを捨てることには抵抗を感じてしまいます。しかし、それだけの理由で捨てる決断をあと回しにしているとしたら……。モノに振り回されている時間は無駄ではないでしょうか。モノの価値は値段にかかわらず、今の自分が決めるもの。本当に必要なモノならば他人が不要といっても捨てなくていいのです。

断捨離 Q&A

Q　中途半端な量が残った柔軟剤は捨ててもいいでしょうか？

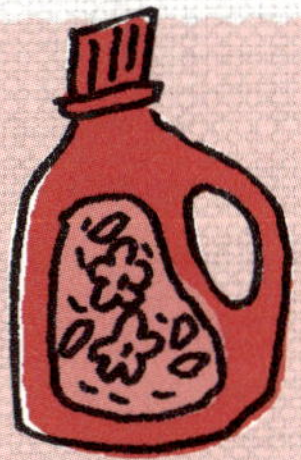

A　断捨離では捨てるためのルールはありません。あくまで自分で判断するのがポイント。ですから、私がそれを捨てていいということを決められません。では、柔軟剤について自分軸×今［時間軸］で考えてみましょう。今の自分に必要ないのなら、思い切って捨てるのもいいですし、どうしても後ろめたいのなら、頑張って使い切るのも選択の自由です。

自分を主役にすることはラクになる第一歩

自分で居心地の悪い環境に住まわせているわけですから、当然のごとく苦しいでしょう。私たちはこれまで知らず知らずのうちに苦しい思いをしていたはずです。環境から繰り返し出される自己否定のメッセージは、無意識下でトラウマとしてこびりついてしまいます。

モノを主役にした状態は、自己肯定感が損なわれるだけでなく、モノが活用されることなく堆積してしまう。私たちはその状況から一日も早く脱出したいのです。

捨てるという行為は、一見苦しいことのように思えますが、実質は自分を主役にすることでラクになるためのプロセスなのです。

track 03

セルフ・カウンセリング&セルフ・コーチングをする

断捨離はモノと向かい合う〈セルフ・カウンセリング〉

断捨離とは、ひたすらモノと向かい合い、モノを通して自分を知っていこうとするプロセスです。必要と不必要、適当と不適当、快と不快をモノに問いかけながら、自分に確認していき、いつの間にかモノ主体になってしまった自分に気づき、モノ軸から、活用価値を問う自分軸へシフトします。自分のニーズをしっかり捉え、自分を取り戻していくことですから、断捨離とは、セルフ・カウンセリングですね。

モノと向き合うセルフ・カウンセリング&セルフ・コーチング

どうして洋服が捨てられない?

クローゼットいっぱいに詰まった洋服。イザ捨てようと出して並べてみると、なんだか捨てられない。果たして、その捨てられない、という気持ちの根底にある理由とは……。

まだ着られる
高かった
思い出が詰まっている
きっといつか、そのうち、着る

モノと良好な関係を築く〈セルフ・コーチング〉

自分軸の取り戻しに加え、もうひとつ大切なことは時間の軸です。かつて仲よしだったモノでも、今はどうなのか。もし使われることなく放置されているとしたら？　本来モノとは、「役立つために」「愉しませてくれるために」と自分が手元に招き入れた友人のような存在だったはず。けれど、時間の経過とともに、役目を終えた存在になっているとしたら、それは自分にもモノにとっても、やりきれない状態ですね。だから時間軸を今に据えて、活きた関係のモノたちを選び抜いていく。これこそ、モノを活かし自分を活かすプロセスです。断捨離とは、セルフ・コーチングでもあるのです。

大好き、かつ着る服だけに囲まれた生活
モノとの良好な関係により、日々是ごきげん

ココをCHECK!

□**モノと自分の関係を、過去、未来の時間にとらわれていませんか**

過去の思い出を大事にとっておいたり、未来の不安に対して買い溜めなどをすると保管量が膨大に。今の自分に対して必要なのか？を問題にして、考えの主体が「現在」であれば問題なし。関係性が活きていることが正常な状態なのです。

□**モノを他人との関係の主役にしていませんか**

「人からいただいたもの」だから捨てられないということはよく聞きます。でも、考えてみてください。使わず放置した状態が果たして本当にいいことでしょうか。モノは自分を映し出す鏡のような存在。思っていることはすぐに行動に移すことが大事です。

track 04

「せっかく」と「もったいない」

「せっかく」という言葉の持つ落とし穴

「せっかく」という言葉には、侮れない力があるようです。「せっかく買ったのだから」「せっかくここまで来たのだから」「せっかく言ってくれているのだから」と、過去に費やした時間や労力、相手の気持ちを推し量り、時間の軸や自分の軸をブレさせてしまうことがありますね。この「せっかく」思考にとらわれていると、今の自分の本当の状態や気持ちに焦点がなかなか当たらず、見失うことになるとは思いませんか。

せっかくの落とし穴

過去に費やした時間・労力、相手の気持ちが自分を縛る

もったいないの落とし穴

OMAKE
20th
DARUMA
愛着か執着かを判断せずに正義の言葉に反論できない

「もったいない」という言葉が持つ落とし穴

「せっかく」が、自分で自分を縛る言葉であるならば、「もったいない」も、なかなか抵抗しづらい言葉といえますね。人から「捨てるなんてもったいない」と指摘されれば、それに逆らうのはかなり難しい。説明するのも面倒だし、言い訳ばかりを繰り返すような姿勢に。これは、自分の中にも、それを「正しい」と認める意識が少なからず存在するからです。「もったいない」とは正義の言葉。誰もが支持する価値観、正当派の観念なんですね。けれど、その「もったいない」は、愛着なのか執着なのか、じっくりと自分に問いかけていく必要がありますね。

もったいない
=
勿体無い

体《たい》にこだわること勿《なか》れ。
つまり、体（形・モノ）に執着するなということ。

捨てることがなんだか後ろめたい

Why? ↓

捨てる=モノを粗末に扱うこと

Why? ↓

日本人的美意識に反する

↓

でも、〝捨てないこと〟＝
〝モノを大事にしている〟
ことになるのか？

すでに本来の姿を失って
しまっているのではないでしょうか

track 05

「活きている関係」と「終わった関係」

時間軸でモノとの関係を考え直す

断捨離の焦点は、常に「関係性」。モノとの関係が、今、活きているのか、終わっているのか。その関係が今の自分にとって、どのように機能しているのか、常に意識を向けていきましょう。関係が変化していくのは、むしろ自然なことです。いつまでも同じ関係であることのほうが不自然ですよね。関係が変われば、機能も変わる。かつて、有効に機能していたモノも、自分の気持ちが変われば、かえって自分を損なうように働くときも場合もあります。

過去の関係を云々《うんぬん》しても、それは過去のこと。成功体験であれ失敗体験であれ、今、それが目の前に展開しているわけではありません。

また、これからの未来も不確定です。不確定であればこそ、私たちは、未来を不安の色に染めてしまいがち。私たちの大切なエネルギーを、過去に漏れさせたり、未来に先送りすることのロスを思えば、今まさに「活きた関係」のモノたちを選び抜いていく作業が、どれほど私たちを元気づけるかは容易に想像できるでしょう。

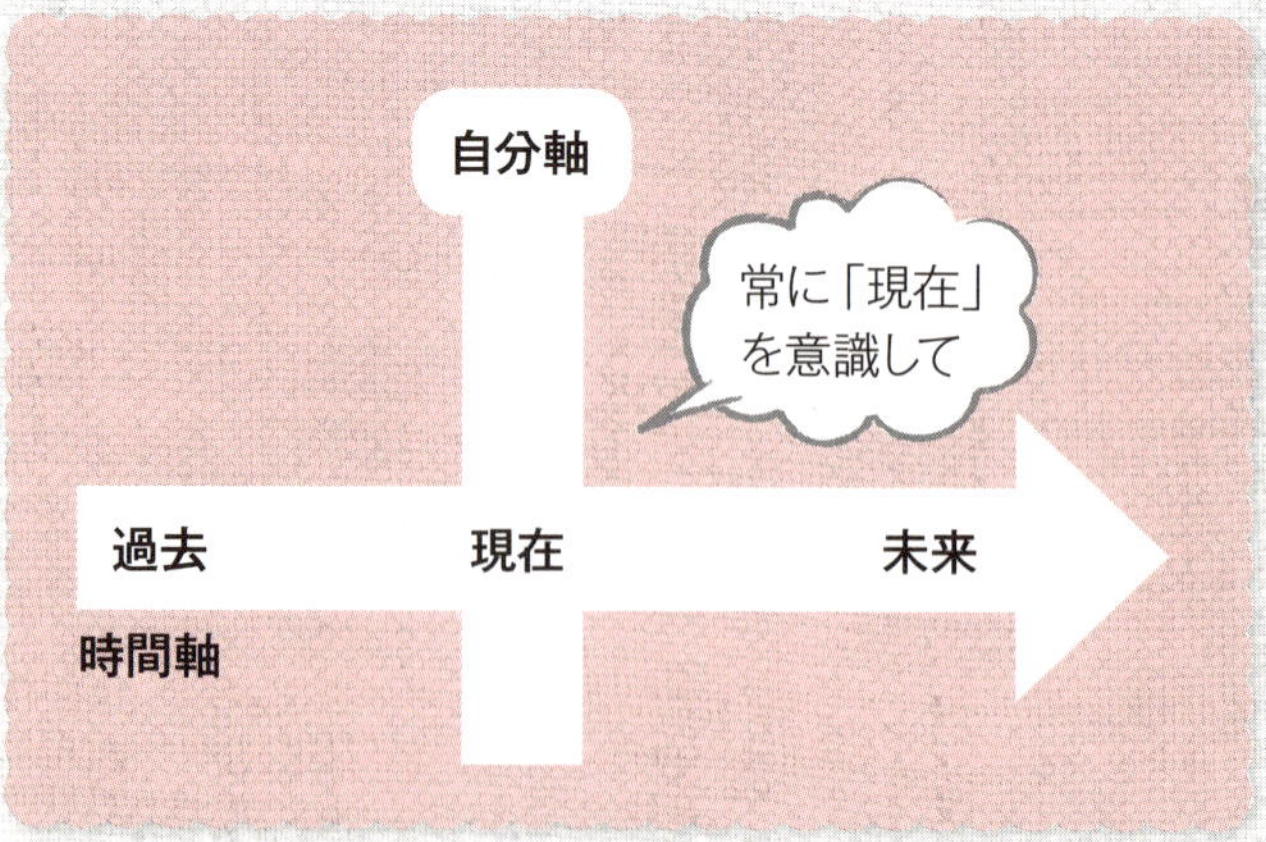
自分軸
常に「現在」を意識して
過去
現在
未来
時間軸

終わっている関係かどうか？　自分で考える癖をつける
買ったとき、高かったから捨てられない。
過去
自分の中の自分
時間軸で
でも、今はあんまり着ないんだよね。
自分
でも、もしかするといつか着るかもしれないし……。
未来
自分の中の自分
時間軸で
そのいつかっていつ？
自分
でも、モノを捨てるのはいけないことじゃない？
モラル
自分の中の自分
モラル
でも、放置した状態でしょう。それって本当にモノを大切にしてるっていえるのかな。
自分
何度も自分の中で考えれば答えが見えてくる。

track 06

選択と決断のトレーニングをする

選択と決断の繰り返し×繰り返し

断捨離の片づけは、モノの移動ではありません。モノが様子を変えて移動することは「整頓」あるいは「収納」。断捨離は整頓収納ではなく、モノの量の絞り込みです。

絞り込むという行為には必ず、選択・決断が伴います。何を残し、何を捨てるのかという選択・決断。ですから断捨離とは、選択・決断のプロセスです。

まずは、量からのアプローチ。と同時に、量を減らしていくには、必ず質への考察が伴うもの。そうですね、自分にとってよりよいモノを残そうとするのは自然なことだから。量と質を吟味して取捨選択を繰り返します。

しかし、最初の一歩は、なかなか大変かもしれません。あまりにたくさんのモノを前にして、あまりに選択肢がありすぎると、私たちは決定を回避する傾向があるからです。どこから手をつけていいのか、茫然としてしまうのですね。でも、ひとつからのスタートでいいのです。繰り返される断捨離が、必ず、選ぶ力と決める力を養ってくれますから。

Column **捨てられない祖母の形見の着物。果たして正解は!?**

捨てられない代表として、高価な着物があげられます。それが大事な人の思い出の品ならなおさらのこと。自分軸で考えて、持ち続けるのをよしとすればその選択が断捨離の答えです。あくまで捨てる、捨てないは自分で判断すべきこと。ただし、断捨離では活用価値に重きを置いているので、せっかくなので着られるかどうかを考えてみるのも断捨離です。

選択のトレーニング、まずは財布から始めてみる

財布の中身

中に入っていたモノを取り出してCHECK!

お金の他に、カード類がたくさん入っている。これらはすべてお財布に入れておくべきものなのか断捨離する。

・クレジットカード　5枚
・銀行のキャッシュカード　2枚
・健康保険証　1枚
・病院の診察券　3枚
・ポイントカード　11枚
・スポーツクラブのカード　1枚
合計　23枚

必要なカード類

本当に必要なモノはどれ?

銀行のキャッシュカードはメインバンクの1枚を財布に残す。病院の診察券は必要なときに自宅から持っていく。会員カード、ポイントカードも期限切れになっていないか確認し、よく使うモノだけに。

・クレジットカード　2枚
・銀行のキャッシュカード　1枚
・健康保険証　1枚
・ポイントカード　4枚　合計　8枚

本当に必要なモノが
詰まった財布になる

track 07

日常空間をクリエイトし、場をシフトする

日常の空間のクリエイト　元気に満ち溢れた場にする

　私たちは、開運や幸運を求めてさまざまなアクションを起こします。そうですね、ポジティブなアファメーション〈自分に語りかける肯定的な宣言の言葉〉を繰り返し唱えてみたり、パワースポットとして人気を集める場を巡り歩いてみたり。癒されることも切望していますよね。ヒーリングを受けてみたり、アロマや関連グッズを部屋に置いてみたり。

　けれど、想像してみましょう。アファメーションを繰り返す自宅空間が、長年の堆積物で溢れ返っている様子を。あるいは、パワースポットから帰り着く家が、玄関からすでにモノの山で混乱している様子を。せっかく癒し効果のある香りを焚《た》いているのに、部屋がまさに淀んだ空気で閉塞状態であることを。

　非日常の一時のカンフル剤や栄養剤は、そのときその場で効果を発揮してくれるけれど、日常の恒常的な淀みには、太刀打《たちう》ちできません。圧倒的な質量の差があるのですから。

　だからこそ、断捨離は日常の住空間を大切にしていきます。自分が日々住み暮らす空間を、まさに、元気に満ち溢れ、清々《すがすが》しさに満ちた癒しの場へとクリエイトしていくのです。

　どうでしょう、今の自分の空間は、自分自身を元気づけてくれますか?それとも、疲れさせますか?

　そこで、ゆったりと寛げますか?煩わしいことばかりが目立ちませんか。

　「忙しい・狭い・疲れる」場から、時間と空間とエネルギーの「ゆとり」がいっぱい提供されている場への日常的なシフト。これこそが小手先のラッキーアイテムに頼ったり、さまざまな開運術にすがる以前に、しておくことだと思いませんか?

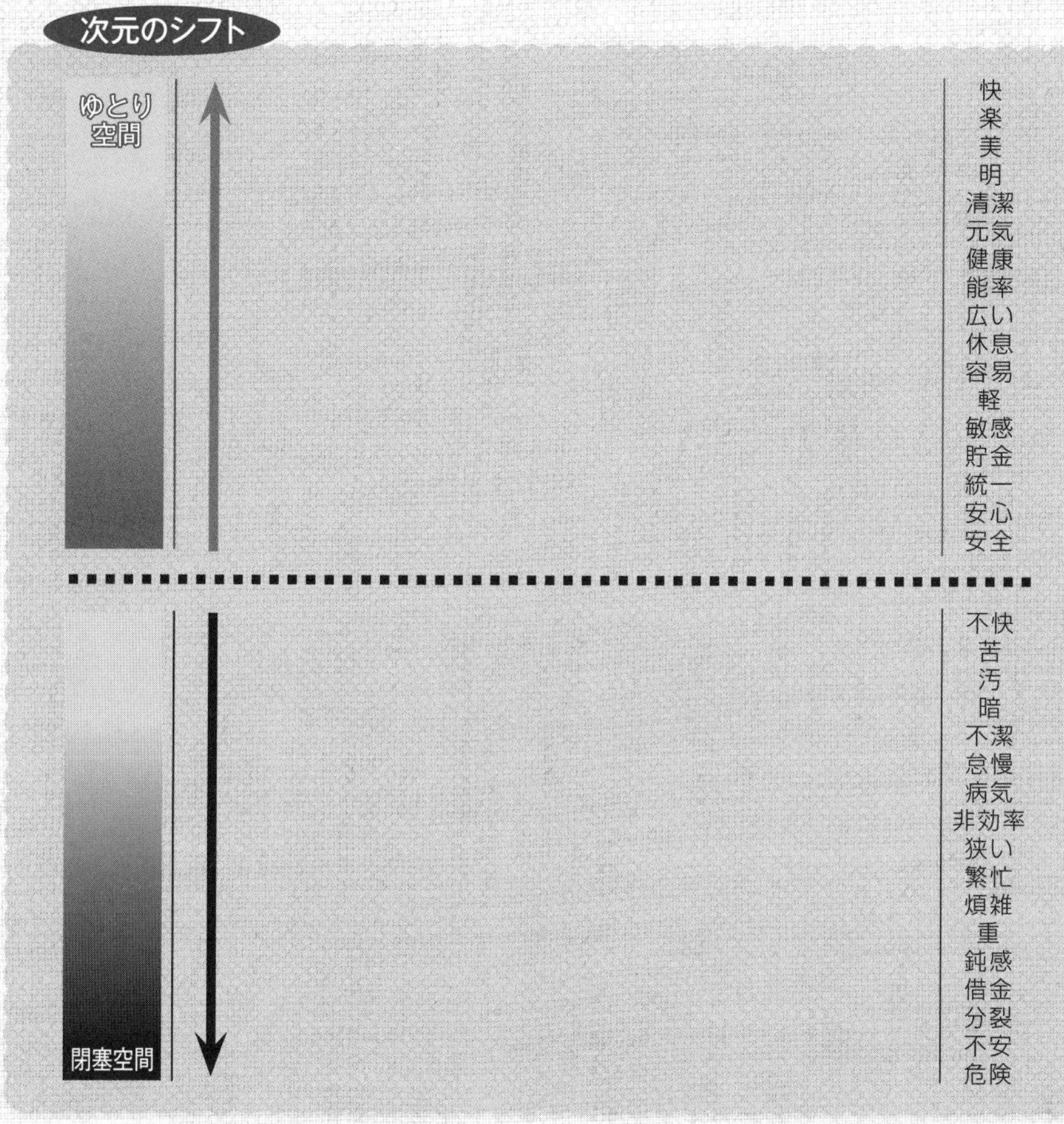
次元のシフト
ゆとり空間
閉塞空間
快
楽
美
明
清潔
元気
健康
能率
広い
休息
容易
軽
敏感
貯金
統一
安心
安全
不快
苦
汚
暗
不潔
怠慢
病気
非効率
狭い
繁忙
煩雑
重
鈍感
借金
分裂
不安
危険

Column 忙しいときはキッチンの引き出しから断捨離をスタート

出版関係の仕事で深夜まで働く25歳のTさん。一人暮らしの家に帰ると、洗濯して取り込んだ洋服が散らかっていたり、朝飲んだままのコーヒーカップを見てうんざり。そんなとき断捨離に出会った。まずは少しでもいいということでキッチンの引き出しから開始。いらない大量の箸を捨て、引き出しを開けるのが急に楽しくなった。それから時間を見つけてはどんどん断捨離。開けるのが楽しみな場所が増えているそうです。

track 08

部屋の中は過剰？　不足？

モノと空間の関係を問い直していく

モノとの「関係」を問い直していくのが断捨離ですが、問い直していくことはまだあります。それは「空間とモノのバランス」。空間に対し、どれだけのモノの量が心地よいのか。

まずは、空間全体を見回してみます。モノひとつひとつに向き合いながら、時に、モノから離れて、ひと呼吸入れてみる。そうすると、空間に対し、まだまだモノが過剰であることが見えてきますよ。

昭和

どちらの環境がバランスがとれているのでしょう

必要なモノにだけ囲まれ、シンプルな暮らしだった。

空間は誰のもの？ ごきげんな空間を取り戻す

居住空間は、モノのためにあるのではなく、そこに住む自分自身のためにあります。このとても当たり前のことが、どういうわけか、忘れられてしまう。きっと、モノだけを見ていると、そうなってしまうのでしょうね。

ギチギチにモノを詰め込むことが、たとえ収納術を駆使した結果の整然とした状態であっても、息苦しいことには変わりがありませんね。断捨離は、整然を求めるのではなく、ゆとりを取り戻すためにするもの。

空間にとって、快適なモノの量を見極めることは、そこで暮らす私たちが、空間とごきげんな関係を結ぶことになりますね。

たくさんのモノに囲まれた
暮らしを送っている。

空間にとって快適な量は？

track 09

自分との約束を守って信頼貯金を増やそう

自分との約束を守り信頼貯金を貯めていく

約束をしても守らない人を私たちは信用しませんよね。けれど、それ以上に、約束した日時を、幾度も先送りされるのは嫌なものです。今度こそは、と淡い期待を抱かせる分、罪つくりなのかもしれません。

私たちは、人との約束は守ろうと懸命になるものですが、自分との約束はどうでしょう。案外ないがしろにするものです。人との約束は、自分の信用問題に関わるから、自分の評価に関わるからと意識します。しかし自分との約束は、約束したという意識さえも希薄なのですね。

部屋を片づけよう、いらないモノを捨てようと思い立つのは、自分との約束。けれど、また明日、また来週、いえ、この次こそはと、先延ばしを繰り返したなら、自分との約束を破り続けるのと同じではないでしょうか。自己評価を自ら下げ続ける行為。大切な信頼貯金を目減りさせ、借金体質へと自分を貶《おとし》めてしまうのです。

そうした自分への不信感とは、さっさと決別していくのが断捨離。不要なモノを捨てるのは、信頼の貯金箱にコインを入れることであり、片づけることは、高額紙幣を貯金することなのです。自分との約束を守れた自分が、そこにいるのですから。

自分との約束を果たしていくこと。それは、自分を尊重し、大切に扱うこと。しかも、整った清々しい空間へと自分を招待して自分をもてなすことなのです。そうですね、断捨離とは、信頼を自分の手で回復させていく道なのです。

捨てたくない……から卒業するために

誰もが簡単にモノを捨てられるというわけではありません。もったいない、捨てたくないという気持ちの葛藤があって、やっと捨てるというプロセスにたどり着くものなのです。最初は捨てることから始めて、次に誰か使ってくれる人に譲る。モノを活かすという方法がとれれば、捨てたくない……から卒業できるはずです。

捨てる

廃棄処分
引き取ってもらう

心を鬼にして、ゴミとして捨てる。引き取ってもらう。気持ちの整理がつかないままだと不安を感じるかもしれないが、捨てるということに意味がある。

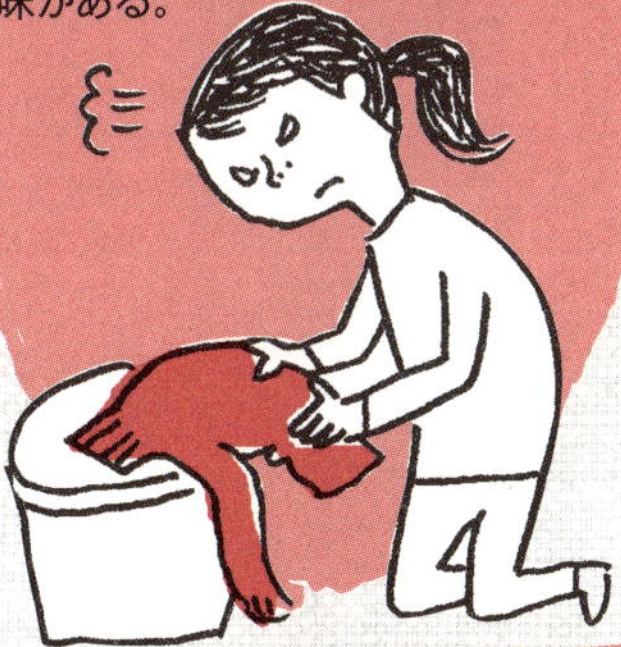

必要としている人に譲る

売る
寄付

フリーマーケットやリサイクルショップに売ったり、必要としてくれる人に譲る。

モノを活かす

リサイクル
リユース
リメイク

モノそのものを作り直したりして使う、着物をリメイクして、和小物にするなどもひとつの方法。

track 10

気づき・意識する断捨離行法

無意識だったものを意識化する

断捨離の着手点は、必ずカタチあるモノからになります。目の前のカタチある存在と向き合うことは、実は、自分の無意識というカタチのない領域への働きかけとなるのです。

無意識であるからこそ、私たちは、そこに潜むことに気がつかない。けれど、この無意識下の領域に、自分がコントロールされているとしたら、そして、その支配されていることにも気づいていないとしたら、どうでしょう？

無意識下に沈んだモノに向き合う。

目の前にあるにも拘わらず無意識下に沈んだ証拠品

開けることのない押入れ。モノが詰まりきって、扉を開けることもできない納戸。たとえ、扉を開いたとしても、見たくない有様に慌ててその扉を閉める。そうやって、見ないようにしてきた自分。見たくない。見ない。見えない。視界から消え、気づかなくなったモノたち。けれど、それらが存在していることは紛れもない事実ですね。

存在するにも拘わらず、意識しなくなってしまったモノたちは、まさに、無意識下に沈んでしまったモノたち。そうですね、これこそが無意識の領域の証拠品。ですから、断捨離は、カタチあるモノに、目の前のいつの間にか存在に気づかなくなってしまったモノたちに、改めて向き合うのです。

それから、そのモノの必要性を思考して、問い直し、絞り込んでいくのです。さらに、空間全体の心地よさを取り戻し、カラダ全体で感じ抜いていくのです。

「モノと向き合う断捨離」とは、自分自身と向き合うこと。モノを通して、無意識を意識化していくこと。それは、間違いなく、停止していた思考を回復させて、鈍化していた感性を磨いていくことになるのです。

Column　断捨離で自己評価がアップ

5～6年前、精神的に追い詰められて仕事ができなくなってしまったというYさん。パニック症候群と診断されて、通院したりで、フルタイムから短時間で仕事をすることに。自分のことに精一杯で片づけることもできませんでした。

断捨離と出会ったのはちょうどそのころ。また、同時期にパニック症候群を少しでも治すためにということで、脳に溜まった余分なストレスを取り除く「ホメオストレッチ」を受けることにしました。このホメオストレッチとは、筋肉を伸展＆加圧して、脳幹の疲労を回復させるというもので、いわば脳の断捨離といえるもの。これを続けるうちに脳の中にある余分なストレスを取り除くことができ、いつの間にか気分が落ち着くように回復していきました。

そして、気分が落ち着いてくると、片づけと脳の状態はすごく似ているということに気がついたと振り返ります。脳が疲れていると、どう散らかっているのかが把握しづらい状態で、どこから片づけたらいいかもわかりません。しかし、気分が落ち着くと同時に、どんどん部屋がきれいになったと話します。

今では、すっかり健康も回復し、仕事にも完全に復帰したそうです。断捨離を経験することで、自分に対する評価が高まり、自信を取り戻すこともできたと笑顔で話すYさんでした。

第3章

ワークシートを使って断捨離レッスン

それでは、実際に身近なところから
断捨離を始めてみましょう。
断捨離には3つのステップがあります。
巻末にワークシートがありますので、
記入しながら、断捨離をしてみましょう。

track 01

断捨離の3鉄則を知る

量・仕分け・収納の鉄則を知り、断捨離をスムーズに

断捨離を実践するにあたり、欠かせない3つの鉄則があります。

もちろん、これはモノを絞り込む、つまりは捨てることが大前提であることはいうまでもありません。

第一に**「量」**に関する鉄則です。収納は**見えないところ、見えるところ、見せるところ**の3つに大きく分かれます。それぞれについて7割、5割、1割という総量規制をかけ、守ることがひとつ目です。

第二に、**「仕分け」**に関するものですが、必ず大分類から中分類、小分類へと3段階に分けて分類します。それ以下でもそれ以上でもわかりにくくなってしまうので要注意です。

最後に**「収納」**に関する鉄則ですが、可能な限り立てて、**モノが自立した状態**でかつ自由・自在な状態にするように収納します。

この3つの鉄則はすべて、〝取り出しやすく、しまいやすく、そして美しく〟を目的としたもの。

この3つの鉄則を踏まえれば、私たちの空間は、より快適になっていきますね。

断捨離Q&A

Q どうしてモノをいっぱいに詰めたらダメなのですか？

A モノをめいっぱい詰めてしまうと、モノの出し入れが難しくなってしまうからです。大切なのはモノが厳選されていることです。厳選されていなければ、モノが溢れてしまい、収納スペースを工夫して増やす手立てしかなくなってしまいます。でも、モノを絞り込み、7・5・1の割合になるように断捨離を行えば、出し入れのしやすい空間に生まれ変わるはずです。

断捨離の３鉄則

取り出しやすく、
しまいやすく、美しく…

量の鉄則「見えない・見える・見せる」 量規制

見えない収納
7割

見える収納
5割

見せる収納
1割

仕分けの鉄則「大分類・中分類・小分類」 俯瞰

大分類

中分類

小分類

分類は３種類、それ以下でも、それ以上でも、
わかりにくくなる。

収納の鉄則「自立・自由・自在」 意識

自立 可能な限り立てる

自由 同じモノは縦並びに

自在 立てられないモノは丸める

重ねない／重ねる場合は同じモノだけ

track 02

3ステップで始める断捨離

絞り込み→仕分けて→納める。この3ステップ

前項で述べた鉄則は、具体的には次の3ステップの作業を行うことになります。

まずは**ステップ1**の**絞り込み**。見えない収納については押入れや引き出しの容量に対して、7割（機能的限界量）、ガラスボードや本棚などの見える収納は5割（美的限界量）、お茶室やカウンターなどの見せる収納は1割（装飾的限界量）。スペースに対して、出し入れしやすく美しい状態が守れる容量のみにモノを絞り込みます。

ステップ2では**仕分け**をします。食器で考えると、大分類としての食器から、中分類として皿、さらに小分類として大皿、小皿などと段階的にカテゴリーを分けていくことができます。モノがどこの分類に入るかによって収納場所が区別でき、効率的な整理ができるようになります。

そして、**ステップ3**は**納める**段階です。絞り込み、仕分けたモノを出し入れの手間を最小限にして納める。

そしてステップ1から3へのプロセスは、繰り返し何度も行うもの。一回で完璧を目指す必要はありませんよ。

Column

モノの出し入れのしやすさはワンタッチが鍵

モノの出し入れはスムーズに行いたいもの。でも引き出しの中に箱があり、さらにその中に何かを保管すれば、取り出すために【引き出しを開ける】⇒【箱を開ける】という最低でも2段階の手間がかかります。モノの出し入れに要する動作は、扉を開けて取り出すだけに絞り込むと快適。そうやって動作のムダを省けば、余計なストレスはなくなります。

断捨離の3ステップ　3つの限界を知る

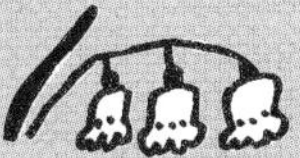

ステップ1

量の限界

絞り込みの作業
分別・分類・選択・厳選を行う

見えない収納	見える収納	見せる収納
機能的限界量	美的限界量	装飾的限界量
7割	5割	1割

ステップ2

分類の限界

仕分けを行う

大分類	中分類	小分類

ステップ3

手間数の限界

使用頻度に合わせて納める

心理的・限界数	ワンタッチの法則	難易
取り出しやすく	容易	不使用
しまいやすく		忘却

断捨離
Q&A

Q　断捨離をすると、なぜ元通りにならないのでしょうか？

A　モノの絶対量が減ることが元通りにならない第一の理由です。また、鉄則通りに量を絞り込み、モノの出し入れがしやすくなれば、前とは違い、元に戻す作業が格段にラクになるから散らかりません。それに分類もはっきりしていれば、戻し場所がわからなくなって適当な場所に無造作に入れてしまうなんてこともなくなります。

work 01

今の自分がどの位置なのかを確認しておく

イメージトレーニングでさらに自分をいい状態に

断捨離を始めるにあたって、まず自分はどの位置に立っていて、どこを目標にするかを明確にすることが大切です。頭の中が整理されてスッキリすれば、自然と身の回りも片づいてくるからです。

左ページの図を見てみましょう。現在の自分の位置はどこでしょう。モノが溢れ返っている状態なので、下の「捨てる」選択というところにいますよね。でも断捨離を進めていけば、次第に自分の位置が選択・厳選……というプロセスまで浮上していきます。自分の位置が高まっていくのをイメージしながら「捨てる」選択から「選び抜く」選択に向かって線を引いてみましょう。これは直線ではなくても大丈夫。とにかく上に向かっているとイメージングしましょう。

線を描いていると、途中に点線があることに気づくと思います。この点線あたり、つまり分類や選択のプロセスでようやく収納に取り掛かれます。分別や分類を始めているなら、もうすでにあなたは上に向かって浮上している途中なのです。

Column　「汚部屋」にしてしまう深層心理

私たちは部屋を散らかしてしまうことで、自己否定・自己卑下の負のエネルギーを与えてしまっています。自分はこの程度の人間だと蔑《さげす》み、恥ずかしさを感じてしまっています。そのうちに不快と感じるセンサーも麻痺してしまう。部屋を不潔にしてしまう人はこの傾向にあります。これは自分で診断できること、改善するのも自分自身です。

今、自分はどこにいるのか

今の自分の位置を知る

厳選

よりよいモノを
「選び抜く」選択・決断

選択

↑

分類

分別

いらないモノを
「捨てる」選択・決断

断捨離 Q&A

Q 捨てないことによって、他にも損なことはありますか？

A モノを持てば持つほど、管理する手間が増えてしまい、その管理にエネルギーを割かないといけなくなります。少しでも忙しくなると管理ができなくなり、あっという間にモノの大洪水状態に。でも、モノを捨てて、絞り込んだ状態であれば安心。お気に入りだから時間がなくても管理は楽しいし、数が少なければ手間も圧倒的に少なくなります。

work 02

自分とモノの関係を書き出す

自分とモノ、自分と自分との関係を考えてみる

物事を整理するために、頭の中で考えるだけではなく、書き出してみるのは有効な方法のひとつです。ここでは、これまでの自分とモノの関係を、今後どうしたいのかについて考えてみましょう。

例えば、「捨てたら困るかもしれないという不安感」や「あれば、いつか使うかもしれない」「自分がとっておきたいモノ、使いたいモノを見つける」「なくてもなんとかなる、と思えるようになる」など、断捨離することでどうなりたいのかを、どんどん書き出してみましょう。自分なりの答えで大丈夫です。

そして、次にこれまでの自分と今、そしてこれからの自分の関係を見つめ直します。

これまでは「自分で自分を物置部屋に住まわせてしまっていた」。けれども、これからは「自分の居場所を確保する」などと宣言する。これからを書き出すことが、断捨離を宣言することになります。そうすることで、どんどんやる気も湧いてくるはずです。

断捨離Q&A

Q 家族や同居人の荷物があって、片づけられないのですが？

A 一人暮らしでない限り、住空間は家族や同居人のためのものでもあり、断捨離は自分だけの問題ではなくなってしまいます。はっきり言いましょう。私たちは自分のモノより人のモノのほうが憎たらしい。ではどうするのか。まずは他人のことは置いておいて、自分の片づけを楽しみましょう。その様子を見れば周りも少しずつ変わるはずです。

自分とモノとの関係を見つめ直す

これまで自分とモノとの関係はどうだったのか、これからどうしたいのかを書いて、関係を考えてみましょう。ワークシートは P.96 ～ 97 にあるので、下記の例をもとに書き込んでみます。間違いというのはありません。自分なりの考えでいいのです。

ワークシートの書き方例

自分とモノとの関係

これまで

・めんどくさいと思って見ないフリをしてきた
・あれば便利、いつか使えるかもしれない、もったいない
・とりあえず場所があるから置いていた（足の踏み場がないけれど）
・捨てたら困るかもしれないという不安感があった
・モノを優先した部屋づくりをしていた

これから

・なくてもなんとかなる
・本当に大切なモノなのか→絞り込む
・必要ならちゃんとした居場所を与える
・自分がとっておきたいモノ、使いたいモノを見つける
・着ていない洋服は捨てる

自分とモノとの関係

これまで

・物置部屋に自分がいてもかまわない（自分の居場所）
・自分を信用していない

これから

・自分の居場所（心地よく感じられる場所）を確保する

work 03

必需品？　あると便利？　嗜好品？

自分とモノとの関係性をさらに掘り下げる

断捨離は「自分軸×時間軸」で考えるというとても大切な思考のベースがあります。さらに自分とモノとの関係が次の3つのうち、どれに当てはまるか考えてみれば、さらに絞り込みしやすくなります。

①必需品↓その名の通り、なければ生活に支障をきたすようなモノ

②あると便利なモノ↓あると便利だけれど必需品では決してない

③嗜好品↓なくても困らないけれど、あえて使いたいモノ

例えば、今や持っていることが当たり前となった携帯電話。多くの人は必需品と感じるかもしれませんが、人によってはあると便利なモノに分類するかもしれません。答えは人それぞれ違ってＯＫなのです。

ワーク03では自分にとっての①～③は何かを書き出す作業をしてみましょう。②のあると便利なモノはなくても困らないモノだから、断捨離する対象物となる可能性があります。これを書き出してみると、いかに私たちがムダなモノに囲まれているかわかるはずです。

断捨離Q&A

Q　お客さま用のお茶碗なども捨てようかと迷うのですが……。

A　モノの絞り込みで注意したいのは、非日常のモノをとっておいたり、買ったりすることです。年に何度も泊まりに来ることのない友人などのために、食器や寝具などをとっておくのはスペースの無駄です。断捨離では基本的に「お客さま用」という発想はありません。自分が気に入って使っているモノを使ってもらえばいいという考え方なのです。

自分が使いたいモノはどれ？

自分の身の回りのモノが、よく使うモノ（必需品）なのか、あると便利なモノなのか、使いたいモノ（嗜好品）なのかを書き出してみます（ワークシートはP.98～99にあります）。絶対に必要、と思って買ったモノも、意外となくても困らなかったりするものです。

書き方例

必需品	あると便利だけれど なくても困らないモノ	嗜好品
使うモノ	使う頻度と量　活用価値と質	使いたいモノ
・ケータイ ・パソコン ・メガネ ・ペン、手帳 ・タオル ・体重計 ・テレビ ・写真	・ヘアアイロン ・旅行用のピアスケース ・大量のポーチ（雑誌の付録） ・大量のカラーペン ・大量の洋服 ・電気製品の説明書 ・商品の入っていた箱 ・大量の下着 ・もう見ないビデオテープ ・ルームシューズ ・小学生のときに使っていた腕時計 ・キーホルダー（お土産） ・高校の制服 ・収納用のプラスチックケース ・お菓子の入っていたキャラクターの空き缶	・化粧品 ・iPod ・マッサージクッション

※もちろんですが、ここで必需品とされたモノだけで暮らすことを推奨しているわけではありません。自分とモノとの関係性を整理するためのワークシートとお考えください。

work 04

すぐに手放せたモノ、手放せなかったモノ

手放せない理由がわかれば、見極めやすくなる

第2章のセルフ・カウンセリング&セルフ・コーチング（P.58参照）で、モノは自分を映し出す鏡であると、簡単に触れました。もう使わない、もういらない……それは時間とともに自分がどんどん変化しているため、ごく自然なことです。

例えば、20代のころは好きだったエスニック系の洋服。30代になり、シンプルなデザインを好むようになったとしましょう。すでに今は着ない洋服なら、あっさりと手放せるでしょう。でも、当時おつき合いしていた彼氏（彼女）から褒められた洋服なら「よく似合う」という当時のフレーズが脳裏に蘇り、気分まで若返ったようになって迷ったあげく、手放せないなんてこともあるのではないでしょうか。

ワーク04では、モノとの関係をさらに違った角度から見つめることで、今自分はどんな状態にあるのか、モノと自分との関係を通じて、自分の今を掘り下げていきます。

左ページのように、断捨離をしているときに出てきた思いを書き出して、今の偽りのない自分と向き合ってみましょう。

Column　部屋にモノが堆積している＝便秘の状態

次から次へと入ってきて、出ていかない状態。モノが堆積している＝便秘の状態に似ていませんか。便秘になると、体内から毒素が排出されずにツライですよね。部屋にモノが堆積しているのに慣れてしまっているのは、便秘がひどくて感覚が麻痺しているのに似ています。症状が軽い間に対処すれば、ちょっとした下剤の力、もしくは自力で治るものです。

そのモノは大切？

このワークシートには、実際に断捨離を行ったモノとそのときの気持ちを書き込みます（ワークシートはP.100～101にあります）。手放せなかったモノも書くことで、大切なモノとの関係も見つめ直すことができます。

書き方例

	モノ	考察
あっさりと手放せた	欠けたお茶碗	いつか捨てよう、捨てようと思っていたけれど、先送りしていたモノ
迷ったけれど手放せた	デザインの好きでないお茶碗	好みではないという理由で捨てるのはなんだか申し訳ないと思っていたモノ
迷ったあげく手放せない	人数分以上の大皿	まだまだ使えるキレイなお皿。いつかまた使うかも……と思ってしまうモノ

work 05

大分類・中分類・小分類の3つの仕分けの法則

モノを絞り込み、ようやく整理・収納の段階へ

いろいろな角度から自分とモノとの関係を問い続けるうちに、自然と周りがスッキリしてきたのではないでしょうか。ここまで来たら、次は整理と収納の段階です。ここで重要なのは**「3つの仕分けの法則」**を連続して行っていくことで、モノが自動的に整理されている方法です。

そのために必要なのは、全体を把握すること、つまり俯瞰《ふかん》してモノを眺めてみるということです。例えば、ホテルのビュッフェレストランに行ったら、最初に何をしますか。

思いつくまま料理をプレートに載せていくと、あとで本当に食べたい料理を見つけたときにはすでにお腹《なか》いっぱい……なんてことになりかねませんね。前菜・メイン・デザートと大きく3分類で全体を捉え、そこから、欲しい食べ物を厳選していけば、満足のいくピックアップができるはずです。

全体を見ずにいきなり細かいところにどんどん荷物を詰め込んでいき、分類もぐちゃぐちゃ……なんてことにならないためにも、まずは大から小への分類が大切です。

Column 「まだ使える、少し残っている」が片づかない原因

まだ使える、少し残っているという理由から、捨てずにとっておいている化粧品や洗剤などはありませんか。これらのモノは思い入れが少ない分、断捨離しやすいはずです。手始めにこれらのモノを断捨離することから始めてみてはいかがでしょう。そうすれば、モノを停滞させている後ろめたい気持ちから解放されて、ラクな気持ちになれますよ。

3つのカテゴリーに分ける

モノの仕分けは全体を俯瞰してから行います。次のカテゴリー分けを参考に、整理・収納の分類を考えてみましょう。詳しくは次のページで扱います。身近なモノから始めてみましょう。

書き方例

大分類	中分類	小分類		
片づけ	注文規制	その都度	最小	
	総量規制	必要量		
	時間規制	賞味期限	消費期限	
整頓	しまう	机の上		
	元に戻す	引き出し	椅子	道具・材料
	揃える	色	カタチ	高さ
掃除	掃く・ホコリの除去	机	棚	床
	拭く・汚れの除去	機械・道具	容器	机・床
	磨く・光らせる	機械	道具	

断捨離 Q&A

Q イザというときのための防災用の備蓄はどれくらい必要？

A 断捨離することで必要なモノがどこにあるかが把握しやすくなります。そのため、避難するときに持ち出すべきモノが何かはすぐにわかるはず。もちろん、備蓄などは必要ですが、例えば3日間、あるいは5日間を暮らせる量などは、住んでいる環境や人数によって違うと思います。目的を明確に。備蓄もあくまで厳選することが大切です。

work 06

身近なところから3分類を始めてみよう

機能を考えながら始める3分類

前項で、大から中、小へと3段階に分けて分類すると説明しました。

早速、身近なところから3分類を始めていきたいのですが、その際に「ここは何をするところか？」を考えたいですね。例えば、キッチンで行うとしましょう。大分類を調理器具とするなら、次に用途別に水回りで使うモノ、コンロの回りで使うモノ、電気を使うモノの3つに分けます。

さらに水回りのモノをまな板、食器用洗剤、台ふきなどと分けていきます。そのころには「まな板、どこにあるの？」と聞かれたとしても、ああ、水回りあたりにあるだろうと連想して、「蛇口のあたりにない？」と返すことができるはずです。

つまり、用途を考えたうえで分類しているため、頭の中を整理でき、モノの出し入れもスムーズになるというわけです。

わかりやすい例が住所です。いきなり麻布十番といわれても困りますが、日本↓東京都↓港区と大枠から説明されれば、相手も理解しやすいでしょう。

断捨離 Q&A

Q　一度の断捨離でどのくらいキレイになるのでしょうか？

A　断捨離はトレーニング。始めてすぐに終わりというものではなく、むしろ始めたところが出発点といってもいいくらい。「モノと向き合う」→「捨てる」という行動を繰り返すうちに、自分の内なるセンサーが鍛えられ、自然とスピードも加速するのです。人によって上達スピードは違いますから、自分は上手くいかない、など一喜一憂することはありません。

キッチンのカテゴリー

では、ここでは実際にキッチンを例にしてカテゴリー分けを見ていきます。つい、食器やザル、包丁といった細かいモノに目がいってしまいますが、ここは俯瞰して、大分類から考えてみることが大切です。P.102 ~ 103 のワークシートを使って、キッチン以外もカテゴリー分けしてみてください。

書き方例

大分類	中分類	小分類		
食材	冷蔵			
	常温			
	冷凍			
調理器具	水回りで使う道具	ザル	ボウル	まな板
	コンロ回りで使う道具	鍋	フライパン	ヤカン
	電化製品			
食器	器	大	中	小
	皿	大	中	小
	飲み物用	グラス	和	洋

※小分類は自分のニーズに合わせて決めます。

Column　納得するモノが見つかるまで買わなくなった

もっと自分を高めたいと漠然と思っていたときに偶然出会った断捨離。もともと収納などに興味があり、100円ショップでカゴなどを購入しては、収納していました。セミナーを通じて、いろいろなワークをするうちに「自分軸」×「時間軸」が自分の中に明確になり、必要かどうかの判断がしやすくなりました。

断捨離を始めたころ、軽トラックを借りて、２週間に一度はゴミ焼却場に通い、テレビボードやバーベキューセットなど、かなり大きなものも処分していきました。捨てるときに「いる」「いらない」の選択を繰り返すうちに、今では簡単にモノを衝動買いしたりすることが減りました。とにかく自分が納得するモノに出会うまでは買いません。バーゲンには行かず、冷蔵庫がカラになると買い物をします。

そんなに捨てた今でも、余分だと思えるモノはあります。捨てると、不思議なものでどんどん不要なモノが目につくようになるのです。今では、モノが少なく、効率よく暮らせるようになって、自分の時間にもゆとりができました。

第4章

ごきげんな毎日のために

断捨離はカタチあるモノに焦点を当てることで、
今まで無意識にしていたモノ・コトを
改めて考えることができます。
「ごきげんな毎日」を送るために、
今日から一緒に取り組んでみませんか？

自分軸と他人軸、時間軸での分類

他人軸に陥りやすい私たち

断捨離は「自分軸」でモノとの関係を問い直していくプロセス。しかし、私たちは世間体を気にしたり、人に悪く思われたくないという恐れから、「他人軸」に陥りやすい傾向にあります。「他人軸」とは他人の観念に従っていることですから、常に他者からの評価を気にしていることになります。

下の図を見てみましょう。例えば、高かったブランドのバッグ。今はもう必要なモノではないのになぜ捨てられないのか。この場合、「高いバッグを持っている私」という世間体を気にし、他者からの評価を上げたいという心が見えて

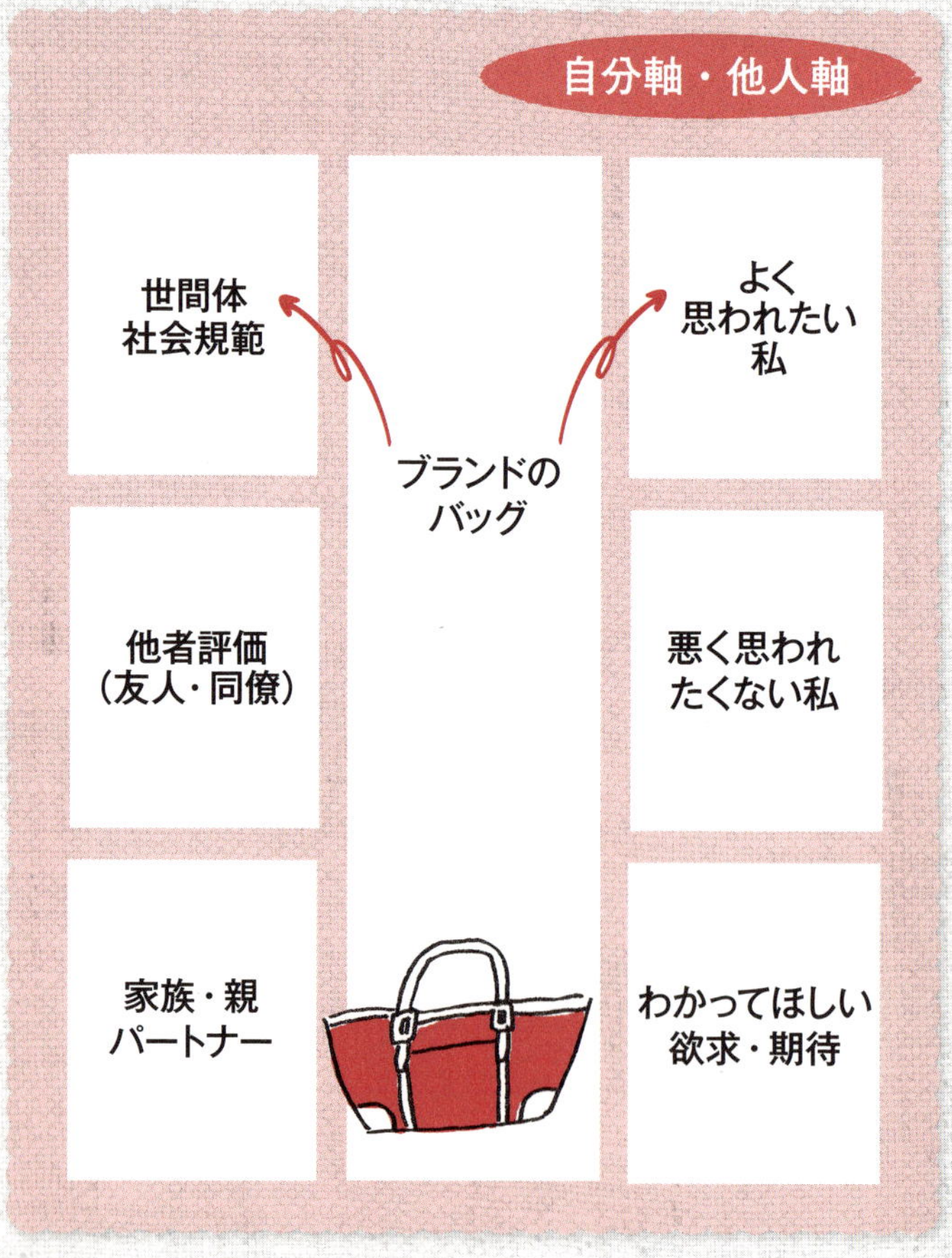

自分軸・他人軸
世間体
社会規範
ブランドの
バッグ
よく
思われたい
私
他者評価
（友人・同僚）
悪く思われ
たくない私
家族・親
パートナー
わかってほしい
欲求・期待

きませんか。つまり、このブランドのバッグを捨てられない理由は「他人軸」にあるということです。

そのモノは成功体験？それとも失敗体験？

断捨離の考え方には「時間軸」も重要です。「今」を基準に考えていくことをお話ししましたが、「過去」の成功体験や失敗体験は、モノへの執着になります。

高かったけれどほとんど使っていないバッグ。捨てられないという根底にあるのは「もうこれ以上のモノは手に入らない」という未来への不安と、「買ったことを失敗だと思うことは許せない」という失敗への不許可。

下の図のように、今、手元にあるモノが手放せない理由は成功体験からか、失敗体験からかを考えてみましょう。

過去の成功体験 → こだわり（現状維持）

過去の失敗体験 → とらわれ（ブレーキ）

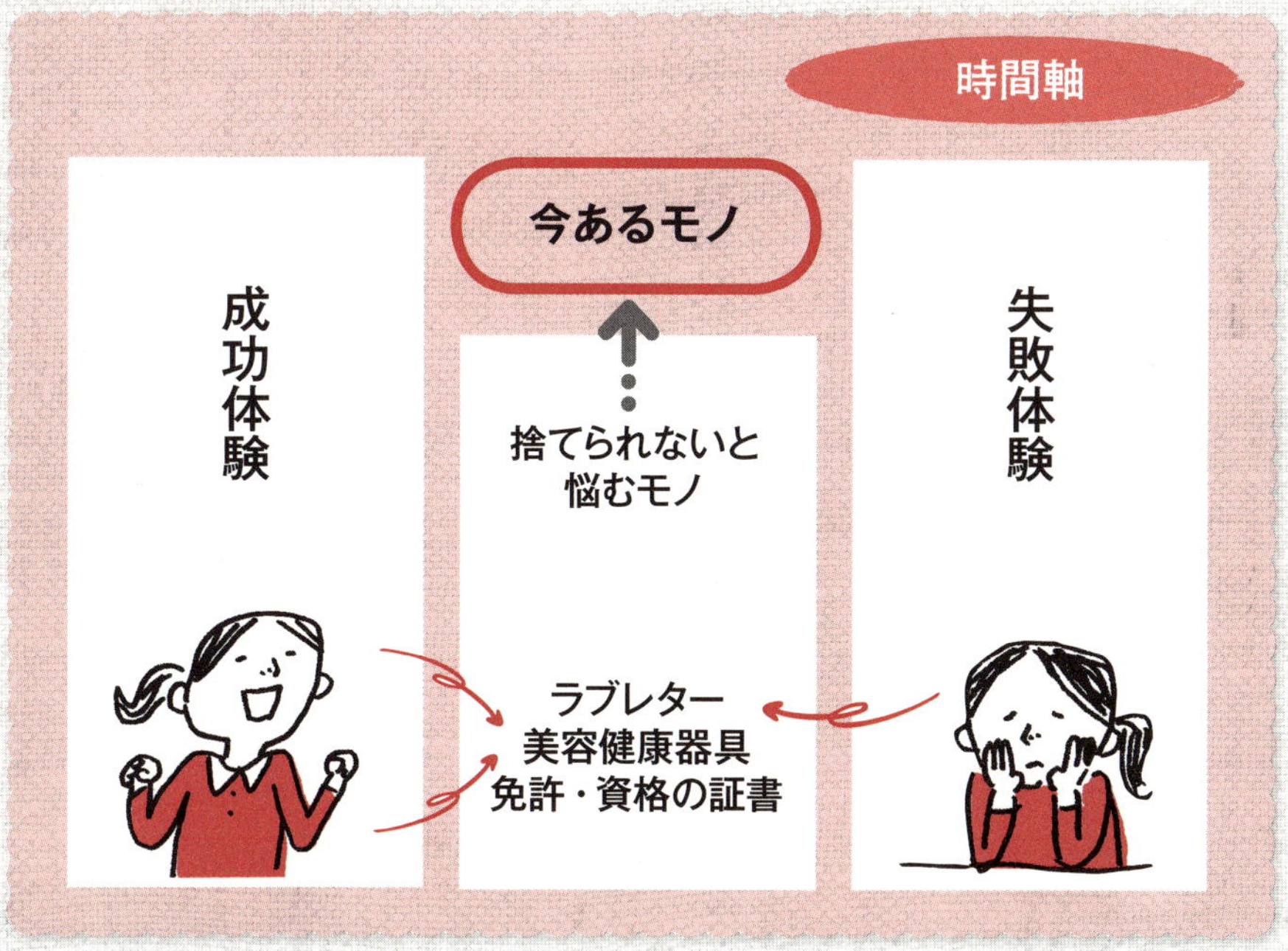
時間軸
成功体験
今あるモノ
捨てられないと悩むモノ
ラブレター
美容健康器具
免許・資格の証書
失敗体験

まずは自分とモノとの関係を見つめ直すことから始めていきます。これまでのモノとの関係と、断捨離することでモノとの関係がどうなりたいのか、それぞれ書き出してみましょう。これはあなたのワークシートですから、間違いというのはありません。書き方例はP.83 を参照してください。

これから

ワークシート① 自分とモノとの関係を見つめ直す

これまで

今、自分の身の回りにあるものを、「使うモノ（必需品）」「あると便利だけれどなくても困らないモノ」「使いたいモノ（嗜好品）」の３つに分類してみます。これは自分とモノとの関係を整理するためのワークシートですから、必需品だけ残して生活をしなさい、ということでは決してありません。書き方例はP.85を参照してください。

あると便利だけれど
なくても困らないモノ

ワークシート②　自分が使いたいモノはどれ？

必需品・使うモノ	嗜好品・使いたいモノ

ここでは、「断捨離を行ってみたモノ」との関係をもう一度見つめ直します。なかなか捨てられなかったモノが、案外「あっさりと手放せたモノ」だったり、どうしてずっと手元にあったのかを考えると「絶対に手放せないモノ」だったり、関係が見えてくるはずです。そのモノに対する思いを書き出してみましょう。書き方例はP.87を参照してください。

考 察

ワークシート③　そのモノは大切？

モノ	
あっさりと手放せた	
迷ったけれど手放せた	
迷ったあげく手放せない	

断捨離したあと、モノの整理・収納に大切なのは俯瞰する力です。財布、引き出し、キッチン、タンスなど、整理するモノ・場所を３つに分類してみましょう。分け方はひとつではありません。どのような分類の仕方がもっとも効率的か、書き込んで考えてみます。書き方例はＰ.91を参照してください。

小分類

ワークシート④　3つのカテゴリーに分ける

大分類	中分類

今、目の前にある「捨てられないモノたち」。それらは「他人軸」に縛られていませんか？　過去の体験に縛られている私がいませんか？　ここでは、捨てられないモノをあげて、左の「自分軸・他人軸」の表では６つの項目のどれに当てはまるか、下の「時間軸」の表ではどちらに縛られているのか書き込みます。書き方例はP.94 ~ 95 を参照してください。

小分類

成功体験	今あるモノ	失敗体験

ワークシート⑤　自分軸・他人軸・時間軸で考える

そのモノはどれに分類する

世間体 社会規範		よく 思われたい 私
他者評価 （友人・同僚）		悪く 思われたくない 私
家族 親 パートナー		わかってほしい 欲求 期待

断捨離Q&A

いざ断捨離を始めてみると、いろいろな悩みや壁にぶつかります。セミナーの受講生のみなさんからいただく疑問のうち多いものを取り上げ、お答えしていきます。

〔モノ軸へのブレからくる悩み〕

Q1 以前、コートを捨てたことがあるのですが、あとで「置いておけばよかった」と後悔することがあって、それ以来なかなか捨てられなくなりました。

A1 断捨離に後悔はつきもの、といっていいかもしれません。「捨ててしまった」後悔は、目の前からそのモノが消えてしまった分、取り返しのつかない惜しい気持ちとなるのでしょうね。

けれど、肝心なことは、コートの存在の有無ではなく、自分の行動のベースとなった思考を振り返ってみること。「捨てろ」と迫られて強制的に捨てさせられたのではない以上、なんらかの考えがあってしたことですね。

コートを捨てる選択は、そのとき、どんな理由で決断したのでしょう。よくよく思い出してみてください。私たちは、何らかのメリットを見出さないと、行動には移さないもの。言い換えれば、そのとき、そのコートを捨てることに、なんらかのメリットを考え感じたからこそ、選択・決断して行動になったのです。そのときはきっと、着ることもなく、ただクローゼットに捨て置かれた気になる存在に、きっぱりと始末をつける潔い自分を選択・決断したのでは？もし、そうではなく、ただ漫然とした決断に過ぎないと感じて後悔が湧いてきたのだとしたら、それも自分を問い直すよいチャンスといっていいでしょう。すべては経験・体験として糧にすることが可能です。

モノを捨てたことで悩むのは、まさに、自分がモノ軸で暮らしている証拠。断捨離とは、自らの選択・決断に承認を加えていくプロセス。後悔するような負の結果も、自分できっちりと引き受けて始末をつけ、前に進んでいくこと。自分の軸を確かに逞しくしていくトレーニングですね。

［自分軸へのブレからくる悩み］

Q2 実家に住んでいるのですが、断捨離をウキウキしながら始めたものの、母親から「どうしてまだ着られる服を捨てるの?」とガミガミ言われて困っています。どうすればいいでしょう。

A2 価値観が異なるのは仕方のないこと。特に、生きた時代が異なる親子の間では、「もったいない」論争は、必ずといっていいほど起きるものです。ガミガミ言われて、腹が立つこともあるでしょう。けれど、モノでバトルが勃発するのではありません。お互いの価値観のぶつかり合いであるのなら、まずは、母親の価値観に耳を傾けることが大切な姿勢。

たとえ、その価値観があなたにとって決して相容《あいい》れないものであっても、娘が自分の言い分を聞いてくれているという安堵《あんど》感をお母さんが持つと、穏やかな気持ちを取り戻せるものです。まずは、ご自分のお母さんへの態度を変えてみること。そうすれば、お母さんのガミガミも、少なからずトーンが下がることでしょう。

［漠然とした不安］

Q3 とにかく片づける範囲が広すぎて、どこから手をつければいいのかわかりません。時間を考えると、一度に全部のところの断捨離ができないのですが、中途半端なスタートでもいいでしょうか?

A3 断捨離とは、完璧を求めるものではありません。取り組もうとしても、どこから手をつけていいかわからずに茫然としてしまうのは、あまりにも高い目標を、頭の中で知らずに設定しているから。そして、そこに至ることがどんなに大変であるか、すでに想定の範囲となってしまっているから。

中途半端でもいいではありませんか。第一、何をもって中途半端と断定しているのか、考えてみることが大切ですね。断捨離とは、加点法。前より少しでもよくなったことを評価していくのです。そして、それを少しずつ積み重ねていく。中途半端を恐れる必要など全くなく、中途まで進めたのだと、自分を褒めてあげてはいかがでしょう。モノが多すぎて、しかも時間も限られているならなおのこと。地道に取り込むことに許可を出していくことですね。

［家族に関する悩み］

Q4 夫がゴルフに行っている間に、いらなさそうなモノを捨ててしまいました。すると、「捨てていいモノなんてない！」と言われてしまいました。家族のモノはどう断捨離すればいいのでしょう。

A4 自分が断捨離をしていると、ついつい家族まで同じ気持ちで断捨離を始めてくれるのでは？　と期待してしまう人も多いかもしれません。でも、それはなかなか難しいものです。

同時期に取り組んでもらえることのほうがラッキーといえるでしょう。それに、いきなり自分のモノを他人に捨てられて、気持ちのいい人なんていないのではないでしょうか。自分のモノよりも他人のモノのほうがなぜか、ガラクタに見えてしまうものです。家族のモノなどを片づけるのはまずは置いておいて、とにかく徹底して自分のモノだけを片づけることから始めましょう。

まずはあなたが楽しそうに断捨離に取り組んでいる姿を見せます。スッキリしていくのを間近で見たのなら、家族も「なんだかチャレンジしたい」という気持ちに自然となってくるものです。お子さんの場合は「この箱ひとつ分」などと、総量をわかりやすく規制してあげることで、お気に入りを子ども自身が選ぶようになり、幼いころから自分で選ぶという楽しさを知ることができます。

おわりに「捨てる許可」

「何をそんなに収納するのだろう」という収納術への素朴な疑問が、断捨離の原点といってもいいかもしれません。けれど、この素朴な疑問は、実は、私の中でもなかなか熟成することなく時が過ぎたような気がします。

なぜなら収納術は、とても魅力的な技術で、散らかっていたモノたちが、事細かに分別され整然と収まっている様子に憧れを覚えたのも事実だからです。

けれど、私たちの暮らしは、常に動きがあり変化があるもの。まるで切り取られた静止画が、ただそこにあるだけの収納術の世界が、果たして、時間の経過とともに移ろう自分の心やさまざまな出来事に、どれだけ機能している技術なのだろうかという疑問が、常に燻《くすぶ》っていたのも、また事実です。

収納とは、結果の世界。もたらされたそのときその場の「整然」は、何日後、数時間後、いえ、数分後には、壊されていく。

積んでは崩すばかりの徒労感を味わいながら、いつまでこんなことを続けていかなければならないのかと、ため息を重ねた日々を思い出します。

問題はどこにあるのか、根本的な解決策はあるのか、ないのか。そんな思いを巡らせながら、たどり着いた結論がこれ。そうか、モノがなければいいのだ。モノがありすぎるから収納が必要になるのだ。モノがなければ収納術も無用な技術となるはず。

今にして思えば、我ながら、単純な思考で短絡的な結論ではあったけれど、これは、私にとって大きな「気づき」でもありました。

生きていくには、モノは必要、モノは大切。そして、モノたちとの暮らしの中で、それらが散らかるのは当たり前なこと。この当たり前で自然なことに、なんで、どうしてと、心を煩わすのも馬鹿げた話。だから、片づいた空間を望むのであれば、散らかっても、より簡単にラクに回復できるようにすればいいだけのこと。手間も時間もかかる収納術は卒業して、モノをミニマムまで丁寧に選び抜き、その時々に代謝させていけばいい。

けれど私たちは、ひたすら収納空間を足すことによって、モノたちを、自分の空間に留めおき堆積させていったのです。収納術に活路を見出して、新

陳代謝を避けてきたのです。いずれ、時間にも空間にも労力にも限界がくるにもかかわらず。

「これは、なぜ?」そうですね、私たちは、捨てることに許可を出してはいなかった。捨ててはならないと思い込んできた。だから、捨てる行為は、後ろめたさばかりが伴うのですよね。


断捨離とは、捨てることの意味を問いかけ、問い直すこと。

断捨離とは、捨てることに許可を出していくこと。

断捨離とは、新陳代謝。


新陳代謝があってこそ、私たちは、生きている。モノも代謝させてこそ、空間が活きてくる。活きた空間での活きたモノたちとの暮らしを育むのが断捨離。

さぁ、収納という停滞を選びますか。それとも、断捨離という新陳代謝を選びましょうか。もちろん、どちらを選ぶのも、自由な選択ではあるけれど。

やましたひでこ

やましたひでこ

東京都出身。石川県在住。クラター・コンサルタント。「Clutter（クラター）」とは英語でガラクタという意味。住まいに溢れ返るモノを見つめ直し、自分の周りを「要・適・快」なモノだけにして、絞り込むためにアドバイスやお手伝いをしている。大学在学中に入門したヨガ道場で、心の執着を手放す行法哲学「断行・捨行・離行」に出逢う。その後、この行法を日常に落とし込み、片づけ術「断捨離」として応用提唱。2001年より「断捨離セミナー」を全国各地で開催し、幅広い層から支持を得ている。主な著書に『新・片づけ術　断捨離』『新・生き方術　俯瞰力』（ともにマガジンハウス）、『断捨離エイジング ひき算の効用』（ＫＫベストセラーズ）、『仕事に効く「断捨離」』『こころに効く「断捨離」』（ともに角川マガジンズ）など多数。

公式サイト「断捨離」 http://www.yamashitahideko.com/
公式ブログ「断捨離で日々是ごきげんに生きる知恵」 http://ameblo.jp/dansharibloq
「断捨離Ⓡ」「クラター・コンサルタントⓇ」は、登録商標です。
この本の収益の一部は（財）ダンシャリサイクルを通じて、里山の保全、防災林の再生活動に使われます。

装幀　石川直美（カメガイ デザイン オフィス）
装画　images.com/Corbis/amanaimages
本文イラスト　シミキョウ
本文デザイン　有限会社ムーブ（新田由起子）
ＤＴＰ　風間佳子
協力　松葉紀子
編集協力　有限会社ヴュー企画（池上直哉　野秋真紀子）
編集　鈴木恵美（幻冬舎）

知識ゼロからの脱収納の断捨離入門

2012年7月25日　第1刷発行

著　者　やましたひでこ
発行人　見城　徹
編集人　福島広司

発行所　株式会社　幻冬舎
〒151-0051
東京都渋谷区千駄ヶ谷 4-9-7
電話　03-5411-6211（編集）　03-5411-6222（営業）
振替 00120-8-767643
印刷・製本所　図書印刷株式会社
検印廃止

ISBN978-4-344-90254-1　C2077
Printed in Japan
幻冬舎ホームページアドレス　http://www.gentosha.co.jp/